rororo

Machen Sie es wie die Lernprofis. Erproben Sie die Strategien, Methoden, Techniken, Tipps und Tricks, die Ihrem persönlichen Lerntyp entgegenkommen und mit denen Sie Ihre Ziele erreichen. So können Sie Ihre Lesekapazität und Merkfähigkeit erhöhen, sich den Stoff aus Büchern, Kursen, Seminaren oder Vorlesungen nachhaltig aneignen, Gelerntes für Vorträge oder Präsentationen parat haben, für ein Examen planvoll lernen, sich mental auf eine Prüfung vorbereiten – oder einfach Ihr kreatives Potenzial voll ausschöpfen.

Robert Kleinschroth hat als Sprachlehrer am Gymnasium und in der Industrie alle didaktischen Methoden ausgeschöpft. Unter seinen rund vierzig Büchern sind das Standardwerk *Sprachen lernen* (60842) und der Bestseller *Englisch für Büffelmuffel* (61907, zusammen mit René Bosewitz).

Robert Kleinschroth

Garantiert lernen lernen

Die besten Techniken für sicheres Wissen

Rowohlt Taschenbuch Verlag

2. Auflage April 2006

Originalausgabe
Veröffentlicht im Rowohlt Taschenbuch Verlag,

Umschlaggestaltung ZERO Werbeagentur, München
(**Illustrationen:** FinePic, München)
Layout Anne Drude
Grafiken Annette Paulsen, Hamburg
Satz Stone Sans, Stone Serif und ITC Officina PostScript, QuarkXPress 5.0
Gesamtherstellung Clausen & Bosse, Leck
Printed in Germany
ISBN 13: 9783 499 62004 1
ISBN 10: 3499 62004 9

Guten Tag, ich bin Ihr Buch! 6
Ein Wort vorweg 7

I. Vorurteile vergessen – Vorteile nutzen 9

1. In welchem Lernalter stehen Sie? 10
2. Lernintelligenz – kann man sie lernen? 17
3. Tanken Sie Lernenergie! 29

II. Vorsprung durch Planung 39

4. Lernorte sind Gedächtnisanker 40
5. Gut geplant ist halb gelernt 49
6. Pausenzeit ist Lernzeit 60

III. Verarbeiten mit System 69

7. Der B•A•S•I•S-Plan – Lernen mit System 70
8. Notizen verwalten und gestalten 84
9. Mit B•I•S•S in Vorlesung und Vortrag 96

IV. Verankern statt vergessen 107

10. Gehirnfreundlich lernen 108
11. Mehrkanalig lernen, mental trainieren 123
12. Wiederholen mit W•I•N 138
13. Lernen im Vorbeigehen 149

V. Vorbereitet in die Prüfung 163

14. Examensvorbereitungen 164
15. Mit Bravour durch die Klausur 173
16. So meistern Sie die mündliche Prüfung 188
17. Rückblick und Ausblick 200

Anhang

1. Aerobic fürs Gehirn – Lösungen 202
2. Eine kleine Lektüreliste für Lernhungrige 210
3. Verwendete Literatur 211
4. Index 214

Guten Tag, ich bin ihr Buch

Sie überlegen noch, ob Sie mit mir lernen wollen, wie man garantiert besser lernt? Prüfen Sie mich. Es dauert keine fünf Minuten, und Sie werden bereits etwas gelernt haben. Aber vielleicht wissen Sie schon, wie man ein Buch professionell prüft und blättern gleich zum Vorwort.

1. Das Vorwort gibt Ihnen einen ersten Eindruck, ob Sie der Stil meines Autors anspricht und wo er seine Schwerpunkte setzt. Werfen Sie einen Blick darauf, aber kommen Sie bitte zurück.
2. Überfliegen Sie nun mein Inhaltsverzeichnis. Interessiert Sie, was mein Autor zu bieten hat? Kapitelüberschriften verraten natürlich nicht alles. Man kann die Kapitel übrigens unabhängig voneinander lesen.
3. Blättern Sie doch einmal. Verweilen Sie bei einer der vielen Schmunzelpausen, bei einem der pfiffigen oder merkwürdigen Zitate. Sie haben alle etwas mit Lernen zu tun. Nebenbei gefragt, haben Sie schon mal Aerobic fürs Gehirn gemacht?
4. Jetzt schlagen Sie bitte ein Kapitel auf. Ist es lesefreundlich? Gibt Ihnen der Autor einen Überblick?
   Wussten Sie übrigens, dass es so etwas wie Lernintelligenz gibt, und dass man sie erlernen kann?
5. Mein Index, das Register, gibt Ihnen Auskunft über die behandelten Schlüsselwörter. Von der Zahl der Seitenangaben hinter einem Schlüsselwort können Sie auf sein Gewicht innerhalb des Buches schließen.
6. Das Literaturverzeichnis zeigt Ihnen, was mein Autor für Sie gelesen hat und wie alt, wie einseitig oder wie breit gefächert die Literatur ist, die er verwendet.
7. Beschränken Sie sich auf Werke, die er für besonders lesenswert hält. Er empfiehlt sie Ihnen in der Lektüreliste zum Weiterstudium – falls Sie auf den Geschmack kommen.
8. Ach ja, wer ist überhaupt mein Autor? Er ist kein Theoretiker, sondern ein erfahrener Praktiker, ein alter Hase, der in der Industrie, am Gymnasium und an der Universität unterrichtet hat. Für Rowohlt hat er schon einige Dutzend Bücher geschrieben.
   Habe ich Ihren Schnuppertest bestanden?

Liebe Leserin, lieber Leser, natürlich können Sie lernen. Sie tun es seit Ihrer Kindheit und werden es auch ohne dieses Buch weiterhin tun. Aber nach der Lektüre werden Sie garantiert besser lernen.

- Gehen Sie zur Schule oder Hochschule? Dann wird Ihnen dieses Buch ein Wegbegleiter bis hin zu den Prüfungen sein. Bewährte Ratschläge, kreative Techniken, neue Tipps und Tricks aus Wissenschaft und Praxis verhindern Lernfrust und fördern die Lernlust. Es ist wie im Sport: Je besser die Technik, desto größer der Spaß am Spiel.
- Sind Sie berufstätig? Über 50 Prozent der Erwerbstätigen üben heute nicht mehr ihren erlernten Beruf aus. Denken Sie auch schon an eine Zweit- oder gar Drittausbildung? Die Analphabeten des 21. Jahrhunderts sind nicht die Menschen, die weder lesen noch schreiben können. Es sind jene, die nicht lernen und umlernen können.
- Gehören Sie der älteren Generation an? Dann lernen Sie aus dem gleichen Grund, aus dem selbst Lottokönige noch lernen. Sie haben erkannt, dass man durch Lernen geistig fit bleibt, und wer es bis ins hohe Alter ist – sagt uns die Wissenschaft – der bleibt auch körperlich gesund.

Aus welchem Grund Sie auch zu diesem Buch greifen, Sie haben effektives Lernen mit System sicher nicht in der Schule gelernt. Man hat Ihnen vermutlich nur gesagt, WAS zu lernen ist. Alles Faktenwissen, das *know what*, hat eine sehr kurze Halbwertszeit. Das *know how*, das WIE man lernt, hat kein Verfallsdatum. Lerntechnik ist die einzige Technik, die dem rasanten Wandel der Arbeitswelt nicht zum Opfer fällt. «Wie die Alten sungen, so zwitschern heut die Jungen.» Heute, in der Dekade der Gehirnforschung[1], bestätigt diese junge Wissenschaft die alten Lernweisheiten großer Lehrer, wie Konfuzius, Comenius, Pestalozzi und Montessori, um nur einige zu nennen. Hier lernen Sie den guten Umgang mit Ihrem Gehirn von beiden, den Alten und den Jungen.

1 Sie steht unter der Schirmherrschaft unseres Arbeitsministers.

Guten Umgang mit Ihrem Gehirn pflegen Sie auch, wenn Sie nach jedem Kapitel *Aerobic fürs Gehirn* mitmachen. Warum? Wir merken, wenn die Zeit gekommen ist, etwas für unseren Körper zu tun. Die Muskeln werden schlaffer, die Gelenke steifer, die Röcke und Hosen enger. Wir merken leider nicht, wenn es an der Zeit ist, etwas für unseren Denkapparat zu tun. Die Vorboten geistiger Vergreisung, die sich bei manchen schon auf der Schulbank melden, zwicken ja nicht. Wenn der Kalk zu rieseln beginnt, merken es zuerst nur die anderen. Dabei könnten wir bis in unser hohes Alter noch geistig topfit sein – wissbegierig, schlagfertig, witzig, mit dem Gedächtnis eines Elefanten. Richtiges Lernen mit allen Sinnen ist übrigens auch eine Form von *Aerobic fürs Gehirn.* Es geht von Mal zu Mal schneller, leichter, besser.

Und damit Sie bei der Lektüre etwas zum Schmunzeln haben, werden Sie immer wieder auf geistreiche Zitate und Witze zum Thema stoßen. Ich wünsche Ihnen Freude bei der Lektüre und Erfolg beim Lernen.

Robert Kleinschroth

P. S.
Das hätte ich beinahe vergessen: Wenn ich von Lottokönigen, Abiturienten, Studenten, Lehrern und Lernern spreche, denke ich natürlich immer an die Vertreter beiderlei Geschlechts.

Vorurteile vergessen – Vorteile nutzen

1. In welchem Lernalter stehen Sie?

2. Lernintelligenz – kann man sie lernen?

3. Tanken Sie Lernenergie!

Erfolgsintelligenz

Benjamin Franklin mag ja die Elektrizität entdeckt haben. Wirklich reich aber wurden die Leute, die den Zähler entwickelt haben.

I.

1. In welchem Lernalter stehen Sie?

Dies ist kein Kapitel für alte Menschen. Es ist für alle geschrieben, die wissen wollen, in welchem Lernalter sie stehen und wie sich ihre Lernbiographie weiter entwickeln könnte, wenn ... aber das lesen Sie auf den nächsten Seiten.

Nur so viel: Kennen Sie nicht auch einen 70-Jährigen, der geistig topfit ist, und andere, die schon mit 30 zum Spatzenfüttern auf eine Parkbank gehören? Geistige Fitness bis ins hohe Alter – ist sie eine Gabe, die manchen Menschen in die Wiege gelegt wurde?

Eine Umfrage des INRA-Instituts unter 1300 Personen ergab:

45 Prozent der Deutschen glauben, dass ihre Gedächtnisleistung immer schlechter wird (davon 27 Prozent der bis 34-Jährigen).

7 Prozent greifen zu Brain-Food, Pillen, Kapseln und Tropfen.

32 Prozent versuchen ihr Gedächtnis bewusst durch geistige Arbeit zu stärken. Sie auch? Glückwunsch!

Was meinen Sie?

Eher falsch (F) oder eher richtig (R)?

	F	R
1. Mit 16 Jahren ist man im idealen Lernalter.		
2. Mit 15 lernen wir Sprachen schneller als mit 25.		
3. Das Gedächtnis lässt nach, weil täglich bis zu 200000 Gehirnzellen absterben.		

Zeit zum Schmunzeln

Als Ronald Reagan für das Amt des Präsidenten kandidierte, fragte ihn ein Journalist, ob ein Mann von 75 Jahren nicht zu alt für dieses Amt sei. Darauf Reagan: «In diesem Land ist doch Präsident der Vereinigten Staaten der einzige Job, der einem Mann in meinem Alter noch angeboten wird.»

1. Der Mythos vom alten Eisen

Es gibt eine Reihe von Untersuchungen, die uns zeigen, wie wir in welchem Lebensabschnitt am besten lernen.

Teens gegen Twens

Tatsächlich ist man als Teenager im idealen Lernalter, soweit es um die Leistung des Gedächtnisses geht. Lernpsychologen haben ein Experiment durchgeführt: Man gab verschiedenen Altersgruppen Unterricht in der internationalen Kunstsprache Esperanto. Die Teilnehmer der Gruppen waren sorgfältig getestet worden. Sie hatten etwa den gleichen Intelligenzquotienten. Die Gruppe bis zu 19 Jahren erhielt doppelt so viel Unterricht wie die 20 bis 25 Jahre alten Testpersonen. Welche Gruppe würde in dem Vergleichstest besser abschneiden?

Trotz der Hälfte der Stundenzahl waren die Twens im Durchschnitt erfolgreicher als die Teenager im besten Lernalter. Was war das Geheimnis ihres Erfolgs? Sie erfahren es auf den nächsten Seiten.

Junioren gegen Senioren

Das Vorurteil von der altersbedingten Abnahme der Lernfähigkeit ist durch viele neuere Untersuchungen gründlich korrigiert worden.

Douglas H. Powell, Psychologe an der Harvard Universität, berichtet von einem Versuch mit 1500 Teilnehmern im Alter von 25 bis 91. Sie hatten Lesetests zu bestehen und mathematische Probleme zu lösen. Von den über 80-Jährigen hatten 25 bis 32 Prozent etwa die gleichen Ergebnisse wie die jüngeren Teilnehmer. Einige der ältesten Probanden erbrachten im Vergleich zu den anderen Altersgruppen Höchstleistungen. In seinem bemerkenswerten Buch *The Nine Myths of Aging* widerlegt Powell[1] gängige Vorurteile über die Leistungsfähigkeit im Alter:

- Das Alter ist der große Gleichmacher:
  Stimmt nicht. Unter Senioren herrschen größere geistige und körperliche Unterschiede als in der Gruppe der Mittelalten.
- Das Gedächtnis schwindet zuerst:
  Die Wissenschaftler sind sich einig, dass Aufmerksamkeit, räumliches

1 *Powell D.H. (1998),* The Nine Myths of Aging. Maximizing the Quality of Later Life. *W. H. Freeman, New York.*

Denken, die Geschwindigkeit der Informationsverarbeitung früher nachlassen. Doch zum Glück können diese Fähigkeiten noch im Alter durch geistiges Training – zu dem auch das Lernen gehört – erfolgreich verbessert werden.

Jedes Alter lernt anders

Versuche mit Teilnehmern aus verschiedenen Lebensabschnitten haben gezeigt, dass die jeweils ältere Gruppe nicht schlechter, sondern anders lernt.

Fünfjährige sind unschlagbar in Spielen wie Memory, wie eine Vergleichsstudie mit Studenten ergeben hat. Aber das wussten Sie bereits, wenn Sie Kinder haben.

Teenager sind unschlagbar, wenn es auf das mechanische Lernen ankommt. Sie behalten Stoff selbst dann, wenn sie ihn nicht verstanden haben – allerdings nicht für längere Zeit.

Wenn Sie zu den reiferen Jahrgängen zählen, mögen Sie zwar im Vergleich zu Jugendlichen einige Handikaps haben, was das Gedächtnis, die Weite der Lernschritte, die Flexibilität und die Anpassungsfähigkeit betrifft. Andere Fähigkeiten bleiben jedoch erhalten, wieder andere verbessern sich stetig bis ins hohe Alter.

Bleibt noch die Frage: «Wie und warum lernen viele Ältere effektiver als ihre Töchter und Söhne?»

- Sie verfügen über Qualitäten, die Lehrer an jungen Schülern oft vermissen: das Interesse an der Sache, die höhere Konzentrationsfähigkeit, die Zuverlässigkeit und das Durchhaltevermögen.
- Sie sind eher bereit, über ihr Lernen nachzudenken. Ein Teenager, der sich in einem Buch wie diesem über die Palette der Lernmethoden und -techniken informiert, ist eher die Ausnahme.
- Erwachsene planen langfristig und sind zielorientiert. Sie wollen das Gelernte beruflich einsetzen. Wenn sie zum Beispiel eine Fremdsprache erlernen, können sie sich den Urlaub oder den Sprachkurs im Land der Zielsprache leisten.

2. Sie sind so jung wie Ihr Gehirn

Der Mensch ist so jung wie seine Gefäße und *Der Mensch ist so jung wie seine Gelenke* waren Bestseller aus der Feder weltbekannter Heidelberger Chefärzte[1]. Fehlt noch der Titel *Der Mensch ist so jung wie sein Gehirn.*

Der sichere Weg in die geistige Vergreisung

In der Wohlstandsgesellschaft ist das Überleben eine Frage der Intelligenz.

Was haben Dauerfernseher mit Insassen von Gefängnissen und Altersheimen gemeinsam? Wissenschaftler haben in Tests mit Klinikpatienten festgestellt, dass deren geistige Leistungsfähigkeit schon nach wenigen Tagen rapide absinkt. Nach etwa drei Wochen haben sie den Tiefpunkt erreicht, und ihr Intelligenz-Quotient ist um beinahe 20 Punkte gefallen[2]. Ein Mensch mit einem mittleren IQ von 100 gerät an die Grenze des Schwachsinns. Was sind die Ursachen?

Unser Gehirn wurde von der Evolution darauf angelegt, Antworten auf neue Situationen zu suchen. Es erschlafft, wenn das tägliche Leben in Routine erstarrt. Die Trägheit des Dauerfernsehers, die Monotonie in Altersheimen, Gefängnissen, in Kliniken oder am Fließband verurteilen das Gehirn zur Untätigkeit. Die unterforderten Gehirnregionen schalten auf Sparflamme. Geistige Trägheit führt zum Nachlassen der Leistungen, ähnlich wie sich die Muskeln von Stubenhockern zurückbilden.

Abiturienten, die das Pech hatten, ein oder zwei Jahre in der Bundeswehr «rumzugammeln», berichten von den Anfangsschwierigkeiten in ihrem Studium. Sie hatten das Lernen verlernt und brauchten mehrere Monate, bis ihr Gehirn wieder «entrostet» war. Man schätzt sogar, dass der IQ von Schulkindern über die Ferien um drei Punkte absinkt und dass sie drei Jahre nach Schulabschluss 40 bis 60 Prozent ihrer Gewandtheit in Schrift und Sprache verloren haben, wenn sie nicht in Übung bleiben. Wer rastet, der rostet.

1 *Schettler, G. (1984),* Der Mensch ist so jung wie seine Gefäße. *Piper*
Cotta, H, (2001), Der Mensch ist so jung wie seine Gelenke. *ZS Verlag*
2 *Lehrl, S. (1992),* Gehirn-Jogging. *Mediteg, Wehrheim*

Halten Sie Ihr Gehirn auf Trab

Unser Gehirn verliert im Verlauf eines Lebens fünf bis zehn Prozent an Gewicht. Man nahm an, dass von seinen 100 Milliarden Zellen täglich etwa 170 000 bis 200 000 Gehirnzellen absterben. Heute weiß man, dass der Gewichtsverlust nicht durch Zelltod entsteht. Die Neuronen schrumpfen lediglich und sind im Alter dichter gepackt.

Gehen Zellen verloren, werden bei Bedarf benachbarte Zellen miteinander vernetzt. Auf diese neuronale Vernetzung kommt es beim Denken, Erinnern und Lernen an – je enger das Netz, desto leistungsfähiger das Gedächtnis. Geistiges Nichtstun schwächt das Netzwerk, so wie es durch gezielte geistige Aktivität gestärkt wird.

Die Erklärung ist einfach. Sauerstoff und Glukose sind die Treibstoffe für unser Gehirn. Obwohl es nur zwei Prozent des Körpergewichts ausmacht, verbraucht es 20 Prozent des Blutsauerstoffs. Setzen wir unseren Denkapparat in Gang, erhöht sich die Durchblutung in der Hirnregion, die für die betreffende Aufgabe zuständig ist, und der Stoffwechsel wird angeregt. Je vielfältiger und abwechslungsreicher die Aufgaben sind, desto gleichmäßiger werden die Regionen des Gehirns durchblutet.

Warum haben also manche Menschen mit 60 die Mentalität eines Rentners, während sich ihre Altersgenossen gerade erst auf die schönsten Jahre des Lebens vorbereiten? Geistige Vergreisung ist keine Frage des Alters, sondern der Lebensführung – eine Binsenweisheit im Sprachschatz vieler Völker (*Faute d'entraînement on rouille. A rolling stone gathers no moss.*)

Auf einem Treffen der amerikanischen Alzheimer-Gesellschaft erregte eine Arbeit erhebliches Aufsehen. Forscher der Case Western University untersuchten 550 Personen und fanden, dass diejenigen, die sich zwischen 30 und 50 kaum geistig und körperlich betätigt hatten, im Alter mit einem deutlich höheren Alzheimer-Risiko lebten. «Lernen steigert die Energiemenge, die dem Gehirn zur Verfügung steht. Es bekommt so eine Leistungsreserve, die dazu beitragen kann, dass die Alzheimer-Krankheit später und weniger häufig ausbrechen kann», sagt Alzheimer-Forscher Professor Dr. Siegfried Hoyer von der Universität Heidelberg. Halten Sie Ihren Verstand auf Trab, und Ihre Chancen stehen gut, dass Sie geistig rege ein gesegnetes Alter erreichen.

Vielleicht war dies das Geheimnis der Schaffenskraft geistig so rüstiger Greise wie Beethoven, Goethe, Shaw, Rubinstein und Picasso, die in hohem Alter ihre Meisterwerke schufen. Michelangelo war über 80, als er an seiner Pietà arbeitete, Sophokles verfasste noch mit über 90 Jahren Theaterstücke, und Tizian saß noch mit 98 an der Staffelei.

	Haben Sie richtig getippt?	F	R
1.	Mit 16 Jahren ist man im idealen Lernalter. *Ja, wenn es um Gedichte, Zahlen und Fakten geht.* *Nein, wenn es um das einsichtige, systematische Lernen geht.*		✔
2.	Mit 15 lernen wir Sprachen schneller als mit 25. *Nein, 25-Jährige verfügen über mehr Lernerfahrung, Disziplin, Konzentration und Durchhaltevermögen.*	✔	
3.	Das Gedächtnis lässt nach, weil täglich bis zu 200 000 Gehirnzellen absterben. *Nein, schuld ist die geistige Trägheit, der Mangel an neuen Erfahrungen mit zunehmendem Alter.*	✔	

Schmunzelpause

Ein Journalist fragte Sir Winston Churchill, worauf er sein hohes Alter zurückführe.
«Hm, ich glaube, es sind die Zigarren und der Whisky.»
«Zigarren und Whisky?», staunte der Journalist.
«Ach ja, und die Stornierung meines Urlaubs auf der Titanic.»

Aerobic fürs Gehirn (1)

Routine macht geistig träge. Unsere eingefahrenen Denkgewohnheiten geben dem Gehirn keine neuen Impulse. Es kann also auf Sparflamme arbeiten. Wie bringen Sie Ihr Gehirn auf Trab? – Mit Aerobic fürs Gehirn. Dazu möchte ich Sie nach jedem Kapitel einladen.

A. Öfter mal was Neues

1. Sehen Sie immer die gleichen Fernsehserien?
2. Gehen Sie immer in dasselbe Restaurant oder Café?
3. Unterhalten Sie sich immer mit denselben Menschen?
4. Radeln oder joggen Sie immer die gleiche Strecke?

Wie viele Fragen haben Sie mit «Nein» beantwortet? Bravo! Machen Sie neue Erfahrungen, das erhält die geistige Mobilität.

B. So kommt der Gehirnschmalz in Fluss!

Die folgende Übung geht von Mal zu Mal schneller. Sie trainieren Ihre Konzentrationsfähigkeit, und Sie denken in zwei Systemen. Ganz nebenbei prägen Sie sich die Naturgesetze des Lernens ein.

Wie lauten die zwei **LERNgesetze**?

L📞rn📞n t🕓t n🕓r, w📞r w⚡ll.

D👁s L📞rn📞n-W👂ll📞n k👁nn m👁n l📞rn📞n.

In der Fußzeile finden Sie einen Tipp.[1]

C. Die Kopfnuss

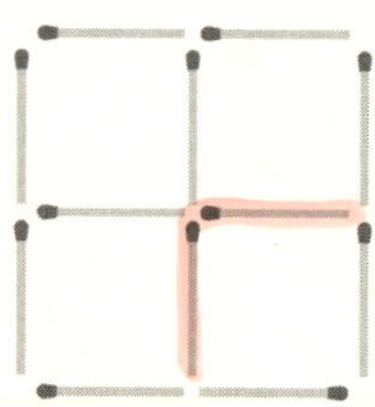

Solche Aufgaben haben Sie sicher schon einmal gesehen. Fangen wir ganz leicht an. Entfernen Sie zwei Streichhölzer so, dass zwei Quadrate übrig bleiben.

1 *Auge* 👁 = *a*; *Telefon* 📞 = *e*; *Ohr* 👂 = *o*; *Uhr* 🕓 = *u*; *Blitz* ⚡ = *i*

2. Lernintelligenz – kann man sie lernen?

Der Intelligenz-Erhaltungssatz

Die Summe der Intelligenz auf unserem Planeten bleibt konstant, während die Bevölkerung ständig wächst.

Ist der Klassenbeste in der Schule oder im Studium immer der Intelligenteste? Hat er privaten und beruflichen Erfolg? Diese Fragen beschäftigen die Wissenschaftler seit Jahrzehnten, und sie entdecken immer neue Formen der Intelligenz.

Andere Wissenschaftler suchen nach den Gewohnheiten und Persönlichkeitsmerkmalen, die überdurchschnittlich guten Lernern gemeinsam sind. Vergleicht man die Liste dieser Eigenschaften mit der Palette der «neuen» Intelligenzen, stellt man fest, dass sie in vielen Punkten übereinstimmen. Kann man von Lernintelligenz (LI) sprechen?

Was meinen Sie?

Eher falsch (F) oder eher richtig (R)?	F	R
1. Lernintelligenz kann man lernen.		
2. Mit einem hohen IQ lernt man garantiert besser.		
3. Der Intelligenzquotient ist erblich.		
4. Ich kann meine Intelligenz verbessern.		
5. IQ-Tests sind trainierbar.		

Schmunzelpause

Die drei Säulen des Erfolgs:
Etwas Sein, etwas Schein und sehr viel Schwein.

PHILIP ROSENTHAL

Vergessen Sie Ihre Gene!

Glaubt man einer Umfrage von Geo.de, liegt Intelligenz nach Reichtum auf der Wunschliste der Deutschen weit oben. Ein hoher IQ gilt für uns als Steigbügel des Erfolgs in der Schule, im Studium, im Beruf und im Privatleben. Psychologen wie Hans J. Eysenck und Volker Weiss erregten Aufsehen mit ihrer Theorie von «den dummen und den intelligenten Genen». Wer sie habe, vererbe sie weiter. Die schlechte Botschaft: Ein Teil dessen, was man unter Intelligenz verstand, ist tatsächlich Veranlagung.

Die gute Botschaft: Heute geht man aufgrund von Zwillings- und Adoptionsstudien davon aus, dass wir – um mit der Bibel zu sprechen – eine große Freiheit haben, unser «Licht unter den Scheffel zu stellen» oder mit unseren ererbten «Pfunden zu wuchern». Die Entwicklung der Intelligenz ist im Kindesalter nicht abgeschlossen, sondern formbar bis zum 25. Lebensjahr. Und wir können sie durch eigenes Zutun noch im Verlauf der folgenden Jahrzehnte verbessern.

Vergessen Sie den alten IQ!

Ohne den Hellseher spielen zu wollen, vermute ich, dass Sie, liebe Leserin, lieber Leser, mit Ihrem IQ eher über dem Durchschnitt liegen. Drei Tatsachen sprechen dafür:

- Erstens liegt der durchschnittliche Intelligenzquotient der Bevölkerung bei 100 (plus/minus 15).
- Zweitens hat nur eine Minderheit von 2,2 Prozent der Bevölkerung einen IQ unter 85.
- Drittens haben Sie ein Sachbuch zu einem anspruchsvollen Thema aufgeschlagen, was ein Indiz für Intelligenz ist.

Aber selbst, wenn Sie in einem IQ-Test gut oder schlecht abschneiden, sagt dies wenig über Ihre Intelligenz aus, jedenfalls nicht über das, was man heute darunter versteht. «Intelligenz ist, was der jeweilige Intelligenztest misst», spottete schon der amerikanische Psychologe Boring[1] vor fast 100 Jahren. Sie können in dem einen versagen und in dem anderen brillieren. Machen Sie aber dennoch Intelligenztests mit der ganzen Familie, das ist Gymnastik für Ihr Gehirn.

1 E. Boring, amerikanischer Professor der Harvard-Universität

Es kommt nicht darauf an, wie intelligent Sie sind, sondern *wie* Sie intelligent sind.

Drei Wissenschaftler haben in den letzten Jahrzehnten mit neuen Modellen der menschlichen Intelligenz Schlagzeilen gemacht:

- Daniel Goleman[1] mit dem Modell der emotionalen Intelligenz (EQ),
- Howard Gardner[2] mit seiner Palette der acht multiplen Intelligenzen (MI) und
- Robert Sternberg[3] mit seiner Liste der 20 Erfolgsintelligenzen (EI).

Alle drei Wissenschaftler waren der Meinung, dass Intelligenz nicht wie der Blutdruck in Zahlen ausgedrückt werden kann. Sie stellten sich die Frage: «Was ist das Geheimnis von Erfolg in Beruf und Privatleben?» Die neuen Modelle der menschlichen Intelligenz überschneiden sich zum Teil und sind für das Lernen wichtiger als der klassische IQ. Und damit sind wir auf der Spur dessen, was ich Lernintelligenz (LI) nenne.

In meinem Buch *Sprachen lernen*[4] hatte ich die Merkmale zusammengestellt, durch die sich überdurchschnittlich gute Sprachenlerner auszeichnen. Der Vergleich zeigt, dass «Lernintelligente» viele Eigenschaften mit Sternbergs Erfolgsintelligenten, Gardners Multiple-Intelligenten und Golemans Emotionalbegabten gemeinsam haben.

IQ gets you hired – EQ gets you higher

> *Der gesunde Verstand ist die bestverteilte Sache der Welt, denn jedermann meint, damit so gut versehen zu sein, dass selbst diejenigen, die in allen übrigen Dingen sehr schwer zu befriedigen sind, doch gewöhnlich nicht mehr Verstand haben wollen, als sie wirklich haben.*
>
> RENÉ DESCARTES

1 *Goleman, D. (1995),* Emotional Quality. *Bantam, New York*
2 *Gardner, H. (1993),* Frames of Mind. *Fontana Press, London*
3 *Sternberg, R. (1996),* Successful Intelligence. *Simon & Schuster, New York*
4 *Kleinschroth, R. (2003),* Sprachen lernen. Der Schlüssel zur richtigen Technik. *Rowohlt, Reinbek*

Der Psychologe Daniel Goleman glaubte gefunden zu haben, was den Erfolgsmenschen auszeichnet. Es ist nicht der IQ von 130 und darüber, sondern der hohe EQ (*Emotional Quality*). Sein Buch mit dem gleichnamigen Titel eroberte die Bestsellerlisten der Welt. Etwas schlampig übersetzte man *Emotional Quality* mit emotionaler Quotient oder fälschlicherweise mit Erfolgsquotient, wodurch es immer wieder zu einer Verwechslung mit Robert Sternbergs «Erfolgsintelligenz» kommt.

Emotional Quality erwarten Personalchefs von leitenden Angestellten und Mitarbeitern im Kundendienst. In Bewerbungsgesprächen und Einstellungstests zählen heute neben dem klassischen IQ und den Diplomen auch Persönlichkeitsmerkmale wie Selbstvertrauen, Selbstbewusstsein, Selbststeuerung, Motivation, soziale Kompetenz, der richtige Umgang mit Partnern, mit Stress, mit Kritik und Misserfolgen alles Eigenschaften, über die auch die «guten Lerner» verfügen.

Viele Firmen veranstalten Kurse für Manager, um deren emotionale und soziale Kompetenzen zu trainieren. EQ ist keine Frage der Gene, sondern des Verhaltens. Sie können sich mit Hilfe der zahlreichen handelsüblichen Tests ein Bild davon machen, welche Bereiche in Ihrem Verhalten einer Verbesserung bedürfen.

Entdecken Sie Ihre MI

Bei Erfolgreichen in der Wirtschaft darf man nicht von einem hohen IQ ausgehen – der hindert an der Tat. HEINZ DÜRR

Der in Harvard lehrende Professor Howard Gardner sagt, es sei absurd, Intelligenz durch einen Test messen zu wollen, für den man nur Papier und einen Bleistift braucht. Auf einer Kamelsafari verhält sich ein Beduine intelligenter als ein deutscher Professor, der nur mit seinem Führer in diesen Breiten überleben kann. Würde der Deutsche vor Antritt der Safari nach dem IQ des Wüstenbewohners fragen? Wie sei es möglich, dass Angestellte mit einem IQ von 130 für Bosse mit einem IQ von 100 arbeiten müssen. Seine Antwort: Ein Mensch mit einem hohen klassischen IQ von 130 ist nicht unbedingt zu selbständigem Denken oder Handeln fähig; er muss weder Sinn für Humor noch für

Schönheit besitzen, weder urteilsfähig, originell, gebildet, redegewandt oder teamfähig sein.

«Multiple Intelligenz» (MI) beschreibt Gardner als einen Cocktail aus acht Intelligenzen[1]. Bei jedem Menschen ist der Cocktail etwas anders gemischt.

Erfolgreiche Lerner müssen nicht unbedingt multiple Intelligenzbestien sein. Sie setzen je nach Fachgebiet eine Kombination aus dem Mosaik der MI ein, von der wir alle genug besitzen, um effektiv lernen zu können. Entdecken und gebrauchen Sie Ihre MI!

1. Sprachliche Intelligenz

Auch wenn Sie kein Thomas Mann oder Heinrich Böll werden wollen, benötigen Sie diese Fähigkeit zum Erlernen einer Sprache, zum Lesen und Verstehen von Fachtexten, für das Präsentieren von Gehörtem und Gelesenem in mündlichen und schriftlichen Prüfungen.

2. Logisch-mathematische Intelligenz

Sie allein macht zwar noch keinen Einstein, gehört aber mit zum geistigen Rüstzeug großer Naturwissenschaftler. Wir brauchen ein Quäntchen davon zum Verstehen oder Finden von Regeln und Beispielen. Auch für das schrittweise Lösen von Problemen und für den Umgang mit Zahlen ist sie hilfreich.

3. Visuell-räumliche Intelligenz

Sie ist die Fähigkeit ein Schnittmuster zu lesen und im Geiste das Model im Abendkleid zu sehen und umgekehrt. Wir müssen nicht gleich Architekt oder Designer sein, als guter Lernender genügt es, Zahlen in Diagrammen und Tabellen oder Sachverhalte in Lernskizzen darzustellen. Wenn Sie dazu noch die nächsten zwei Fähigkeiten aktivieren, denken und lernen Sie mehrkanalig (siehe Kapitel 11).

4. Musikalische Intelligenz

Musiker, Dirigenten und Komponisten sehen die Noten einer Partitur und hören, wie es klingen wird. Urvölker, die nicht über Schriftzeichen verfügten, gaben ihre Stammesgeschichte in Sprechgesängen weiter.

1 *Die «Naturalistische Intelligenz», das so genannte grüne Händchen der Gärtner, überspringe ich.*

und Reim sind starker Gedächtniskitt für Regeln
basteln seit Jahrhunderten an gereimten oder rhyth-
ücken. Werbetexter nutzen diese Mittel, um ihre Bot-
serem Langzeitgedächtnis zu verankern. Machen auch
Reim» auf Ihren Lernstoff.

5. Kinästhetische (Bewegungs-) Intelligenz

Die Ausdrucksfähigkeit begabter Tänzer und Schauspieler, der Spielwitz und das Ballgefühl von Fußball- und Tennischampions oder das Fingerspitzengefühl des Chirurgen sind Varianten dieser Intelligenz.
Setzen Sie Ihre Bewegungsintelligenz beim Lernen ein. Verbinden Sie den Lernstoff im Geiste mit Gesten und Bewegung. Wiederholen Sie Gelerntes auch in Ihrer Körpersprache: Rufen Sie den Stoff während eines Spaziergangs aus dem Gedächtnis ab, bewegen Sie die Lippen dabei, unterstreichen Sie Wichtiges mit einer Handbewegung.

6. Soziale (interpersonale oder emotionale) Intelligenz

Sie ist die Fähigkeit, gut mit Kollegen und Lernpartnern zusammenzuarbeiten. Einfühlungsvermögen und Verständnis für Mitmenschen gehören ebenso dazu wie die Gabe, Ziele anderer anzuerkennen.
Überwinden Sie Ihre Scheu, suchen Sie das Gespräch, finden Sie Lernpartner.

7. Intrapersonale Intelligenz

Sie ist das Markenzeichen von Menschen, die in ihrem Beruf Spitzenleistungen vollbringen. Es ist die Fähigkeit zur Selbsterkenntnis, zur kritischen Bewertung der eigenen Leistungen und des eigenen Verhaltens. Gute Lerner denken darüber nach, *wie* sie lernen, *wo* ihre Stärken und Schwächen liegen und *was* sie verbessern können.
Wir haben nicht jede dieser Intelligenzen gleich gut entwickelt, doch kompensieren wir Schwächen auf dem einen Gebiet durch Stärken auf einem anderen. Defizite lassen sich gezielt trainieren.

> *Kluge Leute können sich dumm stellen.*
> *Das Gegenteil ist schwieriger.* KURT TUCHOLSKY

Lernintelligenz (LI) können Sie lernen

Wenn sich Intelligenz am Erfolg misst,
war der Philosoph Diogenes ein Versager.

Die dümmsten Bauern ernten die größten Kartoffeln, sagen neidvoll die intelligenten Bauern mit Blick auf den Erfolg des Nachbarn oder des Kollegen. Vielleicht verfügen diese aber auch über jene Kombination von Eigenschaften, die Sternberg als Erfolgsintelligenz (EI; *Successful Intelligence*) beschreibt. Weil man sie noch im Erwachsenenalter verbessern kann, spielt EI in der Personalentwicklung der Unternehmen eine große Rolle. Aber wir wollen ja in erster Linie erfolgreich lernen. Was hat effektives Lernen mit Erfolgsintelligenz zu tun?
Die folgenden zehn «Zutaten» zum Lernerfolg basieren auf Sternbergs *Successful Intelligence*. Offenbar sind Erfolgsmenschen auch gute Lernende – warum nicht auch umgekehrt?

1. Gute Lerner motivieren sich selbst.

Wenn Sie zu den Glücklichen gehören, die lernen, nicht weil sie müssen, sondern weil sie wollen, wird niemand und nichts Sie daran hindern. Sie können das nächste Kapitel überspringen. Alle anderen müssen sich noch etwas gedulden (siehe S. 29ff.).

2. Gute Lerner wissen es: Ohne Ziel kein Weg!

Sie setzen sich konkrete Ziele. Sie erreichen ihre Ziele in kleinen Schritten. Sie teilen sich die Wegstrecke ein, sie stecken sich Etappenziele. Jedes erreichte Teilziel ist ein Erfolg, der sie zum nächsten Erfolg trägt. Sehen auch Sie sich im Geiste bereits an Ihrem Etappenziel angekommen, je klarer und strahlender, desto angenehmer sind die Gefühle, die Sie damit verbinden (siehe S. 50ff.).

3. Gute Lerner schieben nichts auf die lange Bank.

Lernintelligente setzen Prioritäten, fangen sofort an und bringen zu Ende, was sie angefangen haben. Sie machen lieber eine Sache zu 80 Prozent gut, als sie zu 100 Prozent auf der langen Bank ruhen zu lassen (siehe S. 54ff.).

4. Gute Lerner haben Ausdauer.

Lernen ist wie Rudern gegen den Strom. Hört man auf, treibt man zurück. Durch erreichbare Teilziele und kluges Zeitmanagement (siehe S. 54ff.) stärken Sie Ihre Motivation und vermeiden Überlastung und Unterforderung. Menschen mit Lernintelligenz trainieren ihre Ausdauer wie Gesundheitsläufer beim Jogging.

5. Gute Lerner sind aktiv.

Just do it! las ich auf dem T-Shirt einer Schülerin, was wohl heißen will: Ärmel hochkrempeln und in die Hände spucken. Warten Sie nicht, bis sich Ihr innerer Schweinehund meldet. *Do it now!*

Gute Lerner fallen durch ihre aktive Neugier auf. Sie stellen Fragen. «Ich habe keine besondere Begabung, sondern bin nur leidenschaftlich neugierig», sagte Albert Einstein.

6. Gute Lerner ergreifen die Initiative.

Die Fähigkeit, die Initiative zu ergreifen, ist ein Charakteristikum von Menschen mit Erfolgsintelligenz. Warten Sie nicht, bis Ihnen jemand sagt, was Sie wann tun sollen. Wollen Sie eine Sprache lernen? Erfolgreiche Sprachenlerner suchen und finden Sprechgelegenheiten im In- und Ausland. Sie sprechen ausländische Touristen an – im Café, im Hotel, in der Bahn, in der Fußgängerzone.

7. Gute Lerner lernen eigenverantwortlich.

Ob sie den Lehrer mögen oder nicht, ob sein Stil ihnen liegt oder nicht, sie machen sich frei von seiner Person. Sie stecken sich ihre Lernziele selbst, sie wählen die Methoden und Techniken, die ihnen liegen; sie organisieren ihre Arbeit eigenständig und bewerten ihren Lernfortschritt selber (intrapersonale Intelligenz). Sie sind keine Einzelkämpfer, aber sie entscheiden, wann sie alleine und wann sie mit anderen lernen (interpersonale Intelligenz).

8. Gute Lerner haben Selbstvertrauen.

Selbstzweifel werden schnell zu Prophezeiungen, die sich selbst erfüllen. Sie hindern uns daran, unser Potenzial voll auszuschöpfen. Gute Lerner glauben an die Erreichbarkeit ihrer Ziele. Sie messen sich nicht an dem Bild des «idealen Lerners», sondern haben ein realistisches Bild von ihren Stärken und Schwächen.

Halten Sie Ihr Selbstbild in Reichweite. Doch sei eine Prise Selbstüberschätzung, so meinen Psychologen, ein Erfolgsgeheimnis, das oft auch mittelmäßig Begabte zu überdurchschnittlichen Leistungen befähigt (intrapersonale Intelligenz).

9. Gute Lerner haben ihre Gefühle im Griff.

Goleman betrachtet den guten Umgang mit den eigenen Gefühlen (und denen anderer) als wichtigstes Merkmal der emotionalen Intelligenz.

Verfallen Sie nach einem Fehlschlag nicht in Selbstmitleid. Seien Sie tolerant sich selbst gegenüber. Rechnen Sie mit Misserfolgen, denn sie sind unvermeidlich (Frustrationstoleranz). Auch Menschen mit Lernintelligenz machen Fehler, aber nie zweimal denselben.

10. Gute Lerner spielen auf der Tastatur der Intelligenzen.

Sie lernen nicht nur mit allen fünf Sinnesorganen (siehe 11. Kapitel), sie schöpfen die ganze Palette der menschlichen Intelligenz aus. Wo viele Menschen nur ihre sprachliche und logisch-mathematische Intelligenz einsetzen, bündeln sie je nach Aufgabe mehrere Potenziale ihres Gehirns.
Man kann diese zehn Eigenschaften in einem Satz zusammenfassen:

Gute Lerner steuern den Prozess des Lernens selbst.

Wie Sie das Lernen mit System und Methode selbst steuern, das möchte Ihnen dieses Buch vermitteln. Haben Sie bemerkt, dass die meisten der zehn Faktoren mehr mit intelligentem Verhalten und Lerngewohnheiten zu tun haben als mit Begabung oder dem klassischen IQ? Gewohnheiten kann man übernehmen. Sie sind gerade dabei, es zu tun.

Wissen schlägt IQ

Unter den Weisen sind die Intelligenten die Dummen.

WERNER MITSCH

Entscheidend für das Erbringen einer Leistung ist das Wissen. Methoden und Techniken kann man erwerben. Menschen mit einem durchschnittlichen IQ, die sich ein umfangreiches Wissen aneignen, erbringen die gleiche Leistung wie Menschen mit einem hohen IQ.
Wissen schlägt Intelligenz, da Menschen, die ihre Intelligenz nicht in Wissen umsetzen, kaum Vorteile von ihrem IQ haben.

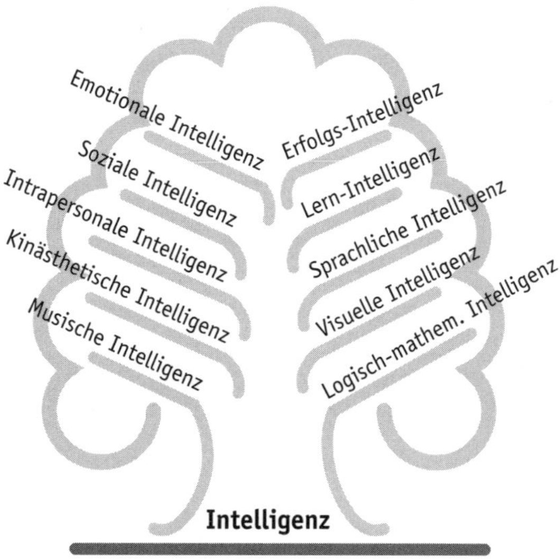

Haben Sie richtig getippt?

		F	R
1.	Lernintelligenz kann man lernen?		✔
2.	Mit einem hohen IQ lernt man garantiert besser.	✔	
3.	Der Intelligenzquotient ist erblich.	✔	
4.	Ich kann meine Intelligenz verbessern.		✔
5.	IQ-Tests sind trainierbar.		✔

Aerobic fürs Gehirn (2)

Geistige Fitness wirkt sich auch auf die körperliche Gesundheit aus. Lernen Sie Aerobic fürs Gehirn, den Sport, den Sie überall und jederzeit treiben können, im Bett, auf dem Sofa, in der Bahn und beim Spazierengehen. Gönnen Sie Ihrem Gehirn öfter etwas Neues. Tun Sie etwas Ungewohntes.

A. So kommt der Gehirnschmalz in Fluss!

Wie lauten die **LERNgesetze**?

D☎r M☎nsch l☎rnt 🕓nd v☎rg⚡sst.
W⚡r b☎h👁lt☎n n🕓r d👁s, w👁s w⚡r
w⚡☎d☎rh👂l☎n.

Versuchen Sie ohne die Hilfe in der Fußzeile auszukommen.[1]

B. Alle Sinne trainieren: Der Blick aus dem Fenster

1. Gehen Sie ans offene Fenster. Atmen Sie mehrmals tief durch. Was sehen Sie? Schließen Sie nun die Augen. Was hören, fühlen und riechen Sie?
2. Gehen Sie zurück. Schließen Sie die Augen. Rufen Sie nun den Blick aus dem Fenster aus dem Gedächtnis ab. Erleben Sie ihn noch einmal in der Vorstellung.

C. Probleme kreativ lösen[2]

Setzen Sie die Buchstabenreihe über und unter dem Strich so fort, dass es einen Sinn macht. Wie viele logische Fortsetzungen finden Sie?

A EF
———————
BCD G

1 Auge 👁 = a; Telefon ☎ = e; Ohr 👂 = o; Uhr 🕓 = u; Blitz ⚡ = i
2 Adam, J. (2004), Think. Einfach genial denken lernen. Econ, München, S. 18

D. Das visuelle Gedächtnis trainieren

1. Wo steht in Ihrem Supermarkt die Milch? Können Sie die Theke mit geschlossenen Augen sehen?
2. Wie viele Kassen hat Ihr Supermarkt? Erinnern Sie sich an eine der Kassiererinnen?
3. Räumen Sie die Möbel eines Zimmers, in dem Sie sich gerade nicht befinden, in Gedanken um.

Schmunzelpause

Ein Unternehmer beschloss, sich zusammen mit zehn Bewerbern dem neuen Intelligenz- und Eignungstest seiner Firma zu unterziehen. «Gott sei Dank gehört mir die Firma», seufzte er, als er seine Resultate erhielt.

3. Tanken Sie Lernenergie!

Das erste und oberste Lerngesetz:
Lernen tut nur, wer lernen will.

«Ab morgen will ich lernen – gestern wollte ich es heute schon.» Geht es Ihnen manchmal auch so? Nicht jeder wird von einer Muse geküsst und ist sofort Feuer und Flamme. Wir müssen die ersten Funken schon selber schlagen. Die Lernpsychologie nennt es Motivation.
So wie es eine Palette an Intelligenzen gibt, kennen wir Motivation in verschiedenen Varianten. Manche kann man entdecken, andere muss man wecken. In diesem Kapitel erfahren Sie, wie es geht.

Das Kapitel im Überblick

1. Intrinsische Motivation,
   die Motivation, die von innen kommt
2. Extrinsische Motivation,
   die Motivation, die von außen kommt
3. Autosuggestion,
   die Kunst, sich selbst zu motivieren

Zeit zum Schmunzeln

Wen die Götter ganz besonders hassen,
den locken sie in den Lehrberuf. SENECA

1. Lernenergie, die von innen kommt

Es gibt Schüler, die haben die Bundesligatabelle, alle Spieler, deren Lebensläufe und Tore im Kopf. Das hat etwas mit Motivation zu tun. Aber dieselben Schüler versagen, wenn sie nur 20 Vokabeln behalten sollen. Das hat etwas mit «Null-Bock» zu tun.

Motivation durch Faszination

Motivieren heißt verführen. Am schönsten ist es, wenn uns die Sache verführt. Manche Menschen lernen so, wie andere sammeln und basteln. Wenn der Sammler über seinen Briefmarken sitzt, ist er im Flow. Das heißt, er vergisst die Zeit und die Welt um sich herum – oft zum Leidwesen der Familie. Die Sammlung wird nie komplett sein, aber darin liegt gerade der Reiz des Sammelns. Der Weg ist das Ziel, die Arbeit ist Hobby.

Dieses Interesse an der Sache selbst oder am Fach ist die Motivation, die von innen kommt: die *intrinsische* Motivation.

Wenn Sie zu den Glücklichen gehören, die mit einer ähnlichen Einstellung an ihren Lernstoff herangehen, können Sie dieses Kapitel getrost überspringen. Optimieren Sie Ihre Lernmethoden, und Sie werden Großes vollbringen, denn Sie besitzen die Energie, die den Lernprozess in Gang hält.

Diese Energie ist nicht angeboren, aber sie schlummert in jedem von uns und wartet darauf, geweckt zu werden. «Aber wie?», werden Sie kopfschüttelnd fragen. «Ich gehöre nicht zu den zehn Prozent der IMs (der *intrinsisch* Motivierten), sondern zu den anderen 90 Prozent, die mit einem inneren Schweinehund leben müssen.»

Die schlechte Botschaft zuerst: Die Lektüre meines Buches wird diese Lernenergie vermutlich nicht wecken. Die gute Botschaft: Es muss nicht unbedingt der «Ferrari», die intrinsische Motivation, sein. Es gibt noch andere Formen der Motivation, aber davon später mehr.

Faszination geht von jedem Wissensgebiet aus, wenn man den richtigen Einstieg wählt. Versuchen Sie es doch mit einem dieser Einstiege.

Lassen Sie sich durch die Lebensgeschichten berühmter Wissenschaftler anstecken. Große Schriftsteller haben faszinierende Biographien über sie geschrieben. Wollen Sie politische Wissenschaften oder Geschichte studieren, lesen Sie im Urlaub die spannenden Lebensgeschichten Richelieus, Talleyrands oder Napoleons, bevor Sie in das Quellenstudium einsteigen. Wollen Sie Physik studieren, lesen Sie, wie sich die besten deutschen Wissenschaftler während ihrer Gefangenschaft in England an die Geheimnisse des Atoms herantasteten. Lernen Sie nicht Fakten, verfolgen Sie stattdessen den Kampf, wie sie entdeckt wurden. Sie vergeuden keine Zeit, denn «die Geschichte einer Wissenschaft», so Goethe, «ist die Wissenschaft selbst.» Die Faszination, die von ihr ausgeht, können Sie in einem der interaktiven Museen entdecken und «begreifen». Es sind Orte der Aha-Erlebnisse. Aus einem kleinen Funken kann eine mächtige Flamme entstehen.

Motivation durch Zielvision

Eine kleine Geschichte, frei nach Saint-Exupéry, soll zeigen, was unter dieser Quelle der Lernenergie zu verstehen ist:

> Es war einmal ein mächtiger persischer Fürst, der wollte eine Flotte haben. Er holte Schiffsbaumeister und Zimmerleute ins Land und befahl ihnen, seine Soldaten im Bau von Schiffen zu unterweisen. Nach einer harten Lehre machte man sich ans Werk. Monate gingen ins Land, bis das erste persische Schiff vor den Augen des Hofstaats vom Stapel lief. Drei Schiffslängen glitt es über das Wasser, legte sich auf die Seite und sank.
>
> Der Fürst ließ seine glücklosen Untertanen streng bestrafen und schickte erneut nach fremden Schiffsbaumeistern, damit seine Soldaten die Kunst des Schiffsbaus erlernten. Doch wieder begruben die Wellen des Meeres den Traum von der persischen Seemacht. Schon wollte der Fürst die Handwerker hart bestrafen, da trat sein alter Lehrer vor. «Willst du deine Leute lehren, Schiffe zu bauen», sprach der Meister, «zeige ihnen nicht, wie man Bäume fällt, Planken schneidet, Pläne zeichnet und mit Hammer, Säge und Nägeln umgeht. Wecke in ihnen nur die Sehnsucht nach dem weiten, weiten Meer.»
>
> Es ist nicht überliefert, ob der Fürst diesen Rat befolgt hat, doch wenige Jahre danach wurden die ersten persischen Schiffe vor den griechischen Küsten gesichtet. Was Befehle und Drohungen nicht

vermochten, bewirkte die Sehnsucht nach einem Ziel, welche die Unlust an der Arbeit überstrahlte.

Die Zielvision gibt dem Bergsteiger die Energie, den Gipfel zu erreichen und dem Forscher die Ausdauer, jahrelang durch ein Mikroskop zu schauen. Lassen Sie sich von Ihrem Fernziel («Ich bin in fünf Jahren Staatsanwalt») locken. Damit Sie es nicht aus dem Auge verlieren, heften Sie es in großen farbigen Buchstaben an Ihre Pinnwand. Und jedes Mal, wenn Sie daran vorbeigehen, schließen Sie für Sekunden die Augen, sehen sich leibhaftig am Ziel und genießen die Sonne des Erfolgs. Das erhält die Sehnsucht am Leben und vertreibt den inneren Schweinehund.

Schmunzelpause

Alle meine Probleme begannen mit den ersten Schuljahren. Ich kam auf eine Schule für geistig behinderte Lehrer.

WOODY ALLEN

2. Die Lernenergie, die von außen kommt

Mögen hätte ich schon wollen,
aber dürfen hab ich mich nicht getraut. KARL VALENTIN

Wenn die Motivation von außen kommt, sprechen wir von *extrinsischer* Motivation. Unsere Umwelt appelliert an mächtige Instinkte in uns, an Hoffnung auf Anerkennung und Belohnung, Angst vor Versagen und Bestrafung. Nun sind Lob und Tadel biologische Reize, die wie alle Reize durch häufigen Gebrauch stumpf werden. Sie müssen ständig verstärkt werden, um Wirkung zu erzielen.

Natürlich lernen wir auch, weil wir müssen. Am Abend werden die Faulen munter. Sie brauchen Druck, nur der drohende Termin zwingt sie, in die Hände zu spucken und die Ärmel hochzukrempeln: «Ich muss jetzt einfach wollen, ab morgen wird gebüffelt.» Zeitnot ist zwar selten die Mutter erfolgreicher Lernkarrieren, doch Gott sei Dank stellt sich, um mit Goethe zu sprechen, die Freude an der Arbeit oft während der Arbeit ein und wächst, je tiefer man in die Materie eindringt.

Motivation durch Erfolg

Nichts ist so erfolgreich wie der Erfolg. Umgekehrt gilt: Ein Misserfolg erzeugt den nächsten. Versuchen Sie deshalb nicht, das Fernziel in einem Anlauf zu erreichen. Untersuchungen haben gezeigt, dass die Studenten am erfolgreichsten sind, die mittlere Ansprüche an sich stellen. Überforderung und Unterforderung sind die größten Motivationskiller. Hängen Sie also die Latte weder zu hoch noch zu tief.
Setzen Sie sich Teilziele. Aber sie müssen überschaubar und erreichbar sein. Dann wird Sie der erste Erfolg zum nächsten tragen.

3. Motivation durch Autosuggestion

Zuckerbrot und Peitsche, Lob und Erfolgsdruck machen aus Dünnbrettbohrern noch keine «Dickbrettbohrer». Aber auch die Lernenergie, die wir aus der Faszination eines Gegenstands oder einer Vision schöpfen, kennt Krisen und muss erneuert werden. Versuchen Sie sich deshalb in der Kunst der Selbstmotivierung und der Autosuggestion.

Der erste Schritt: Machen Sie sich Ihre Lernmotive bewusst.

Wenn wir kein Motiv haben, müssen wir es schaffen. Wir schaffen es, wenn wir Bilanz ziehen:

1. Welche Nachteile muss ich in Kauf nehmen, wenn ich meinem inneren Schweinehund nachgebe?
2. Welche Wünsche erfüllen sich, wenn ich jetzt die Ärmel hochkremple und zupacke?

Fragen Sie sich, warum Sie lernen wollen. Bringen Sie die Gründe in der Reihenfolge ihres Gewichts zu Papier. Nehmen wir an, Sie wollen eine Fremdsprache lernen. Es mag gewichtige Gründe geben, die gegen das Sprachenlernen sprechen, wie zum Beispiel berufliche Überlastung, Mangel an Zeit, Hobbys, die man aufgeben müsste. Wägen Sie das Für und Wider ab. So verschaffen Sie sich Klarheit, ob Sie sich überhaupt auf das Sprachenlernen einlassen wollen.

Wenn Sie zu einer positiven Entscheidung kommen, sollten Sie die Bilanz an die Pinnwand heften oder in Ihr Buch legen, damit Sie sich bei aufkommenden Selbstzweifeln neu orientieren können. Vielleicht finden Sie einige Ihrer Motive in dieser Liste:

- ❍ Mein Sohn / meine Tochter fängt mit Englisch an, da will ich mithalten.
- ❍ In den interessanten Stellenausschreibungen werden Sprachkenntnisse vorausgesetzt.
- ❍ Ich lerne Sprachen, um geistig fit zu bleiben.
- ❍ Mir gefällt die Sprache; ich will Bücher lesen und Filme sehen.
- ❍ Die Beherrschung einer Weltsprache gehört zur Allgemeinbildung; sie verschafft mir Ansehen und Anerkennung.

Damit stellen Sie eine persönliche Beziehung zum Lernstoff her, und der Widerstand gegen das unangenehme Lernen schwindet. Es ist der notwendige erste Schritt auf dem Weg zu Ihrem Ziel. «Der Anfang ist die Hälfte des Ganzen», sagt Aristoteles.

Der zweite Schritt: Selbstmotivierung durch Suggestion

Niemand ist ganz frei von Selbstzweifeln und Minderwertigkeitsgefühlen. Was tun dagegen? Die Methode ist so einfach wie wirksam.

Verbrennen Sie das Wörterbuch der Verlierer:

Verlierer denken:	Was steckt dahinter?
Ich kann es nicht.	Eigentlich will ich nicht.
Ich schaffe es nicht.	Ich traue mich nicht.
Das lohnt sich nicht.	Ich habe keine Lust.
Ich habe keine Zeit.	Ich gehe lieber einkaufen.
Ich habe es ja versucht.	Ich wollte ja gar nicht.

Tauschen Sie es gegen das Wörterbuch der Gewinner:

Ich versuche es.
Ich fange gleich an.
Es ist noch kein Meister vom Himmel gefallen.
Beim zweiten Mal klappt es.

Auch *gute* Vorsätze pflastern den Weg zur Hölle, wenn sie falsch formuliert werden.

- Versuchen *wollen* bringt nichts. Vermeiden Sie vages Wunschdenken wie: *Ich würde, ich möchte, ich werde …*
- Vermeiden Sie negative Formulierungen: Ich mache *weniger*, ich mache *nicht …*
- Seien Sie konkret. Sagen Sie es in der Gegenwart statt in der Zukunft: *Ich tue* statt *ich werde tun.*
- Ohne Termin – keine Tat, kein Resultat. Ohne Kontrolle – kein Ergebnis. Setzen Sie sich Ziele und Termine, die nachprüfbar sind: *Ab heute / In den Ferien lerne ich morgens und mittags zwei Stunden.*

Falsch	Richtig
Ich würde gerne abnehmen.	Ab heute esse ich gesund.
Ich will mich nicht aufregen.	Ich bin ganz ruhig und gelassen.
Ich möchte mehr Zeit für meine Kinder haben.	Ich spiele jetzt täglich einmal mit den Kindern.
Ich werde gesünder leben.	Ich lebe gesund. Dreimal in der Woche Sport!
Ich muss künftig häufiger lernen.	Ich lerne jeden Tag von 16 bis 18 Uhr.

Was machen Sie mit den Formeln?

Sie entspannen sich und sagen sich Ihre Formel mehrmals am Tag, aber mindestens drei Mal, in Gedanken vor:

- in der Schlussphase des autogenen Trainings,
- vor dem Einschlafen,
- direkt nach dem Aufwachen,
- in den drei bis fünf Minuten zwischen Wachen und Schlafen ist man besonders empfänglich.

Stellen Sie sich Ihre Formel in verschiedenen Varianten vor:

- als Leuchtschrift an der Wand,
- als Tattoo auf der Haut,
- als Werbespot im Fernsehen,
- als Ansage im Radio.

Ihre Formel dringt nach und nach in Ihr Unterbewusstsein ein, und das Lernen fällt Ihnen von Tag zu Tag leichter. Nehmen Sie weitere Formeln in Ihr Programm auf, zum Beispiel:

Ich bin immer ganz ruhig und gelassen.
Mein Gedächtnis wird immer besser.
Was andere schaffen, schaffe ich auch.

Unterstützen Sie die Formel durch das Kino im Kopf. Sehen Sie sich bereits am Ziel Ihrer Wünsche angelangt. Um beim Sprachenlernen zu bleiben, stellen Sie sich in den schönsten Farben vor, wie Sie mit ausländischen Gästen plaudern oder bei Verhandlungen dolmetschen.

Genießen Sie das Erstaunen Ihrer Bekannten und die Anerkennung Ihres Vorgesetzten. Wer sich einen Vorschuss auf den Erfolg gewährt, setzt Lernenergie frei.

Wenden Sie nicht ein, dies sei Wunschdenken oder Selbstbetrug. Es ist weniger der Wille als der Glaube, der Berge versetzt. Das «Positive Thinking» hat eine lange Tradition. Goethe hat die Macht der Gedanken auf die Formel «Gedanken sind Schicksal» gebracht:

«Achte auf deine Gedanken, denn sie werden Worte.
Achte auf deine Worte, denn sie werden Handlungen.
Achte auf deine Handlungen, denn sie werden Gewohnheiten.
Achte auf deine Gewohnheiten, denn sie werden dein Charakter.
Achte auf deinen Charakter, denn er wird dein Schicksal.»

Ein Schlusswort zum Trost aller, denen die Schule nicht in guter Erinnerung geblieben ist. Viele große Männer waren so genannte schlechte Schüler: Albert Einstein, Winston Churchill, Thomas Alva Edison brachten schlechte Zeugnisse nach Hause. Richard Wagner fiel zwei Mal durch die Reifeprüfung, der geniale Sprachenlerner Heinrich Schliemann hatte miserable Lateinnoten; Gerhart Hauptmann, Thomas Mann – die Liste ist endlos – alle litten unter Noten und Schule.

Aber sie hatten noch etwas gemeinsam. Irgendwann schlug bei diesen Spätentwicklern das leidige Lernen-Müssen in ein Lernen-Wollen um. Und sie lernten, weil sie wollten.

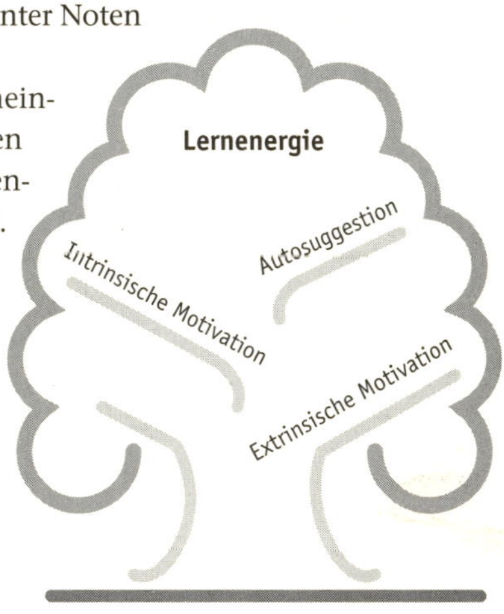

Aerobic fürs Gehirn (3)

Nehmen Sie sich täglich 10 bis 15 Minuten Zeit für Aerobic der Sinne. Ihr Gedächtnis wird besser werden, und Sie werden sich länger konzentrieren können.

A. So kommt der Gehirnschmalz in Fluss!

Dieses Mal haben wi🕯 noch den Buchstaben **r** ersetzt.
Wie lautet das **LERNgesetze**?

B. Durchbrechen Sie die tägliche Routine

1. Ziehen Sie sich morgen mit geschlossenen Augen an!
2. Kaufen Sie morgen in einem anderen Supermarkt!
3. Meiden Sie Ihre Trampelpfade. Gehen Sie woanders spazieren!

C. Ihr sprachliches Denken ist gefordert

1. Ergänzen Sie die Redensarten:
   A. *Der Apfel ...* **B.** *Man soll das Pferd ...* **C.** *Einmal ...*
2. Welche zwei Wörter fehlen?
   _____ *dem* Leim gehen _____ *den* Leim gehen
3. Finden Sie drei zusammengesetzte Substantive, deren zweiter Teil «Zug» ist.

D. Die Kopfnuss

An den Ecken eines quadratischen Spielfeldes stehen vier Flutlichtmasten. Die Spielfeldfläche soll so verdoppelt werden, dass die Masten außerhalb stehen und nicht versetzt werden müssen.

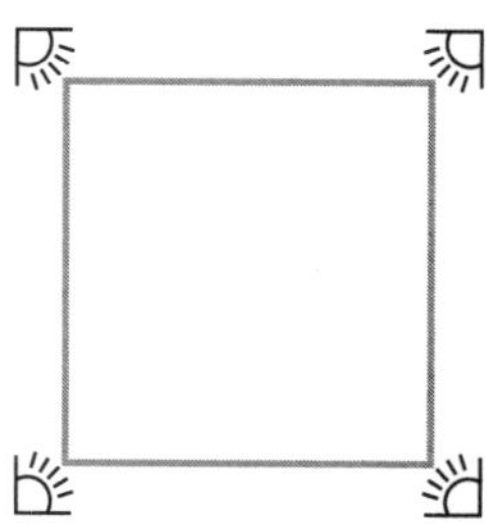

Vorsprung durch Planung

4. Lernorte sind Gedächtnisanker

5. Gut geplant ist halb gelernt

6. Pausenzeit ist Lernzeit

Als sie das Ziel aus den Augen verloren,
verdoppelten sie ihre Anstrengungen.

BERTOLT BRECHT

II.

4. Lernorte sind Gedächtnisanker

Zum Thema Schreibtisch bemerkte Umberto Eco einst: «Notiert euch nicht die Gedanken, die euch am Schreibtisch kommen, sondern die, die euch auf dem Klo kommen.»

Der Lernort und seine Atmosphäre entscheiden mit, wie kreativ wir arbeiten und ob wir uns an Gelerntes erinnern können. Nicht nur für Umberto Eco gibt es neben dem Schreibtisch noch andere Orte der Inspiration.

Das Kapitel im Überblick:

- Lernen im Dreivierteltakt?
- Der Parkbank-Faktor
- Lernen per pedes
- Der Sauna-Effekt
- Faszinierender Arbeitsplatz «Bett»
- Der Ort, an dem Sie Ihre Karriere schmieden

Was meinen Sie?

Eher falsch (F) oder eher richtig (R)?

	F	R
Nachts ist Ihr Schreibtisch beleuchtet, das Zimmer dunkel.		
Ein leerer Schreibtisch gilt bei Chefs als Zeichen des Erfolgs.		
Mit Musik konzentriert man sich besser.		
Betten sind zum Schlafen da, nicht zum Arbeiten.		
Man kann im Schlaf lernen.		

Zeit zum Schmunzeln

Was sind Erziehung und Unterricht?
Falsche Perlen vor echte Schweine. IRWIN EDMAN

Lernen im Dreivierteltakt?

Es ist eine uralte Erfahrung, dass Musik sowohl Körper als auch Geist beeinflusst. Denken Sie an das einschläfernde Wiegenlied, die aufputschende Marschmusik oder an das Fitnessstudio, wo Schwitzen mit Musik viel besser geht.

Die Vertreter der Suggestopädie nach Lozanov[1] nutzen die Wirkung der Musik, um die rechte Hirnhemisphäre, die in unserem Kulturkreis angeblich vernachlässigt wird, zu aktivieren. Der Kursleiter trägt den Lernstoff bei langsamer Barockmusik (Bach, Händel, Vivaldi) vor. Die entspannende Musik (60 Takte pro Minute entsprechen der durchschnittlichen Herzfrequenz im Ruhezustand) kann Nervosität und Stress harmonisieren.

Doch vergleichende Studien ergaben keine nennenswerte Überlegenheit des suggestopädischen Unterrichts[2]. Allerdings berichteten die Teilnehmer der Lozanov-Gruppen, dass der Unterricht sehr angenehm und entspannend war.

Es kommt nicht auf die Musik, sondern auf den Lehrer an. Die Suggestionskraft geht vor allem vom ihm aus, von seiner Mimik, Intonation und Rhythmisierung der Sprache. Die Lernatmosphäre und die Gruppendynamik tragen das ihre bei.

Wie steht es mit dem einsamen Lernen bei Musik? Wer glaubt, man müsse sich während des Lernens mit Musik berieseln, um Konzentration und Gedächtnis zu verbessern, der irrt[3]. Beim konzentrierten Lesen kann Hintergrundmusik sogar ein Störfaktor sein, weil Melodie und Rhythmus der Musik, den individuellen Rhythmus des Lesens und Mitdenkens stören.

Der Glaube macht es – nicht die Musik. Sie allein garantiert kein besseres Lernen. Wenn schon Musik dann keinen Walzer. Der gibt Ihnen nur Schwung bei monotonen, sich wiederholenden Tätigkeiten, wie beim Lochen und Abheften von Seiten.

1 *Lozanov, G. (1978),* Suggestology and Outlines of Suggestopedy. *Gordon & Breach, New York*
2 *zum Beispiel Schiffler, L.,* Hilft Suggestopädie Leistungsschwachen im Französischunterricht? *in: Französisch heute, 3/2001*
3 *Spitzer, M. (2002),* Lernen. Gehirnforschung und die Schule des Lebens. Spektrum, *Heidelberg, S. 1f.*

Der Parkbank-Faktor

Warum fragt der Inspektor den Verdächtigen nicht: «*Was* haben Sie vorgestern um 17 Uhr gemacht?» Der Inspektor weiß, Zeit ist abstrakt, und die meisten Menschen können Abstraktes schlecht behalten. Deshalb stellt er die psychologisch leichtere Frage zuerst: «*Wo* waren Sie vorgestern um 17 Uhr?» Und dann erst: «Was haben Sie *dort* getan?» Unserem Gedächtnis prägt sich etwas tiefer ein, wenn es sich mit einem zweiten, möglichst bildhaften Element verknüpft, das bewusst oder unbewusst «mitgelernt» wird (siehe Loci-Technik, S. 153f.). Der Lernort ist ein Gedächtnisanker. «Ach ja, das habe ich gelernt, als ich auf der Parkbank saß.» Die nachempfundene Atmosphäre der Bank im Park, des Wartezimmers, des Straßencafés wird mitgelernt. Sie ist das Signal, das den Abrufmechanismus auslöst, der die Schublade öffnet, in der wir den Lernstoff gespeichert haben.

Einen ähnlichen Effekt wie der äußere Tapetenwechsel hat auch der gedankliche Tapetenwechsel. Versetzen Sie sich in eine schöne innere Landschaft, auf die Parkbank am See, auf den Gipfel eines Berges. Verbinden Sie den Lernstoff mit dem herrlichen Panorama, und Sie werden ihn nicht vergessen.

Wechseln Sie auch bei Wiederholungen und Selbstabfragen den Lernort. Und bevor es ernst wird, setzen Sie sich im Geiste auf die Bank des Prüflings.

Lernen per pedes

> *Nur die ergangenen Gedanken haben Wert.*
>
> NIETZSCHE

Der Mensch ist von Natur aus nicht zum Schreibtischhocker geschaffen. Während er eine Stunde über den Büchern gebeugt sitzt, wird seine Atmung zunehmend flacher, sein Gehirn bekommt weniger Sauerstoff, die Konzentration lässt nach, er wird unruhig und hat das Bedürfnis aufzustehen.

Sauerstoff ist Treibstoff für den Lernprozess. Im Gehen nehmen wir doppelt so viel Sauerstoff auf als im Sitzen. Schauspieler wissen es: Rollentexte erarbeitet man am besten im Gehen. Große Denker haben Spazierwege und Wandelhallen immer schon als Orte der Inspiration geschätzt. Aristoteles war sicher nicht der Erste, der seine Studenten im Gehen unterrichtete.

Werner Butzkamm, einer unser großen Didaktiker, hat das Sprachenlernen «im Gehen und im Stehen» mit Klassen an verschiedenen Schultypen mit Erfolg erprobt und empfiehlt es Lehrern zur Nachahmung[1]. Machen Sie also einen Spaziergang zu unserer symbolischen «Parkbank». Auf dem Weg wiederholen Sie aus dem Kopf, was Sie vor kurzem noch am Schreibtisch beschäftigt hat, oder denken an das, was Sie sich dort vornehmen werden.

Der Sauna-Effekt

Warum trainieren Sie lieber im Fitnesscenter als auf dem Hometrainer? Warum gelingt das Abnehmen leichter in der Gemeinschaft der *Weight-Watchers*? Aus dem gleichen Grund, weshalb Sie in der Sauna schneller schwitzen und länger sitzen, wenn Sie sehen, wie vor und neben Ihnen der Schweiß tropft. Das Ambiente ist ansteckend wie das Gähnen.

Deshalb ist auch die Bibliothek ein idealer Lernort. Sie finden neben guten Arbeitsmöbeln und allen nötigen Quellen auch die richtige Arbeitsatmosphäre. Disziplin und Konzentration sind ansteckend wie das Schwitzen in der Sauna. Lassen Sie sich von der Gemeinschaft der Lernenden anstecken. Und vielleicht finden Sie Gleichgesinnte, mit denen Sie die Schicksalsgemeinschaft der *Learn-Watchers* gründen. «Geteiltes Leid ist halbes Leid» oder: «Vereintes Schwitzen – länger sitzen».

Faszinierender Arbeitsplatz «Bett»

Die Kuschelecke ist kein Arbeitsplatz. Lernen im Bett kann auf Dauer zu Schlafstörungen führen. Dennoch ist das Bett ein faszinierender «Lernplatz». Wer allerdings sein Physikbuch unters Kopfkissen legt, wird nur hart schlafen, aber nichts lernen. Es macht auch keinen Sinn, nachts ein Tonband ablaufen zu lassen.

Dennoch hat die Volksweisheit «Den Seinen gibt's der Herr im Schlaf» unter den richtigen Bedingungen ihre Gültigkeit. An der Lübecker Uni-

1 *Butzkamm, W. (2004),* Lust zum Lehren, Lust zum Lernen. Eine neue Methodik für den Fremdsprachenunterricht. *Francke, Tübingen, S. 31*

versität gab man Freiwilligen abends eine Kopfnuss zu knacken. Die Teilnehmer, die danach ins Bett geschickt wurden, brauchten am nächsten Morgen deutlich weniger Zeit als die Testpersonen, denen man die Aufgabe morgens stellte und die sie abends zu lösen hatten.

Ist es Ihnen nicht auch schon passiert, dass Ihnen die Lösung eines Problems am nächsten Tag unverhofft einfiel? Unser Gehirn tüftelt im Schlaf weiter. «*La nuit porte conseil*», sagt der Franzose. Geben Sie Ihrem Gehirn eine sinnvolle Nachtarbeit, und Sie werden nachhaltiger lernen.

Was geschieht im Tiefschlaf der ersten Nachthälfte? Nachdem sich das Wachbewusstsein verabschiedet hat, werden die Lerndaten umformuliert, neu bewertet, sortiert und gruppiert und mit altem Lernstoff vernetzt. Die gelernten Inhalte werden noch einmal bearbeitet und ins Langzeitgedächtnis überspielt. Lernstoff wird zu Wissen[1].

Ähnliches geschieht, wenn das Bewusstsein auf Sparflamme schaltet, in Entspannungspausen, während des Tagträumens oder während des Gesundheitslaufs. Gehen Sie also nicht mit dem Fernsehkrimi ins Bett. Überdenken oder wiederholen Sie lieber eine Viertelstunde vor dem Einschlafen das Wichtigste vom Tage, nehmen Sie das ungelöste Problem, die Gliederung Ihrer Rede oder die Stoffsammlung für Ihr Referat mit in den Schlaf hinein. Nutzen Sie dieses Phänomen gezielt, und Sie lernen garantiert effektiver.

Den Seinen gibt's der Herr aber nur im gesunden Schlaf, denen, die ihre «Schlafarchitektur» nicht durch Alkohol, Koffein, Nikotin oder Schlafmittel zerstören. Die Nacht entscheidet mit, was Sie behalten und was Sie vergessen.

Lernzeit = Arbeitszeit + Pausenzeit + Schlafarbeit

Übrigens, die Weichen für den folgenden Tag stellen Sie auch im Bett. Die ersten zwanzig Minuten entscheiden, ob Sie frohgemut oder widerwillig an die Arbeit gehen. In den Minuten nach dem Aufwachen ist das

1 *Spitzer, M. (2002),* Lernen. Gehirnforschung und die Schule des Lebens, *Spektrum, Heidelberg, S. 121ff.*

Gehirn so aufnahmebereit wie den ganzen Tag nicht mehr. Wer bis zum letzten Moment im Bett bleibt und dann missmutig seinen Kaffee trinkt, der stellt schon die Weichen für einen grauen Tag.

Versuchen Sie es doch einmal mit folgender Aufwachübung: Gehen Sie Ereignisse des letzten Tages in Gedanken noch einmal durch. Denken Sie an etwas Schönes, überlegen Sie sich ein Motto für den neuen Tag. Dann erst aus dem Bett, unter die Dusche – und die Arbeit geht Ihnen leichter von der Hand.

Der Ort, an dem Sie Ihre Karriere schmieden

Wie sieht Ihr Schreibtisch aus? Für fast 60 Prozent der deutschen Führungskräfte gilt ein ordentlicher Schreibtisch als Zeichen des Erfolgs. Dies ist das Ergebnis einer Umfrage, mit der die Computerfirma Logitech den englischen Psychologen Cary Cooper beauftragte. Sein Tipp: «Finden Sie die Balance zwischen einem aufgeräumten Arbeitsplatz und der Darstellung der eigenen Persönlichkeit. So vermitteln Sie die richtige Botschaft an Ihren Chef» – und an Ihr Gehirn.

Die Checkliste für einen gesunden Arbeitsplatz

- ❍ **Der feste Schreibtisch** ist für Sie das Signal zum Arbeiten. Wellnessecke und Arbeitsplatz sind strikt zu trennen.
- ❍ Alle Arbeitsmaterialien sind in Reichweite, mindestens eine **Pinnwand** ist in Sichtweite.
- ❍ Lassen Sie sich in Ihrer Konzentration nicht stören. Hängen Sie ein **Schild an die Tür**: «Paul lernt von ... bis ... Bitte nicht stören!»
- ❍ **Störquellen**: Lärm kann je nach Stärke die Leistung um bis zu 80 Prozent mindern, ein überheizter Raum um bis zu 50 Prozent. Die ideale Temperatur beträgt etwa 19 bis 20 Grad.
- ❍ **Die Möbel**: Die Sitzhöhe ist so eingestellt, dass Oberarm und Unterarm, Oberschenkel und Unterschenkel rechte Winkel bilden. Der Stuhl ist bequem, aber auch nicht zu bequem.
- ❍ **Das Licht**: Gutes Arbeitslicht beschleunigt das Lesetempo. Es entspricht in etwa dem Tageslicht bei leicht bedecktem Himmel und ist besser als jede künstliche Beleuchtung. Aber nicht nur der Tisch, auch das Umfeld sollte ausgeleuchtet sein. Ist Ihr Manuskript wesent-

lich heller als der Raum, wandert das Auge immer wieder unbewusst in das Dunkel. Das schadet der Konzentration.

- **Die Aussicht**: Der Schreibtisch steht so, dass Sie nicht aus dem Fenster schauen. Vögel und Nachbarn lenken ab, Gegenlicht ermüdet. Wenn Sie aufschauen, sehen Sie Ihr externes Gedächtnis, die Pinnwand. Das Licht fällt so ein, dass Ihre Schreibhand keinen Schatten auf das Papier wirft.
- **Wegräumen**: Telefon, Zigaretten, Nagelschere und Nagelfeile, Schminkspiegel, Fernsehprogramm gehören nicht auf den Tisch.
- **Bereitstellen**: Sie wissen selber, was Sie zum Arbeiten brauchen. Aber denken Sie auch an die Flasche Wasser, aus der Sie in jeder Denkpause einen Schluck nehmen. Lassen Sie Ihr Blut (1000 bis 1200 Liter pumpt Ihr Herz täglich durch das Gehirn) nicht zu dick werden. Es transportiert die Lernenergie für Ihr Gehirn. Wussten Sie, dass es 40 Prozent des Gesamtbedarfs an Zucker benötigt? Stellen Sie einen Imbiss (Obst, Rohkost, Vollkornprodukte) bereit.
- **Luft**: Das Gehirn benötigt 20 Prozent des gesamten Sauerstoffbedarfs des Körpers, um den Zucker zu verbrennen. Lüften Sie in den Pausen.

Haben Sie richtig getippt?

		F	R
1.	Nachts ist Ihr Schreibtisch beleuchtet, das Zimmer dunkel.	✔	
2.	Ein leerer Schreibtisch gilt als Zeichen des Erfolgs. *Ja, aber das ist eher ein Vorurteil der Chefs.*		✔
3.	Mit Musik konzentriert man sich besser. *Eher falsch, wenn es auf volle Konzentration ankommt.*	✔	
4.	Betten sind zum Schlafen da, nicht zum Lernen. *Arbeitsplatz und Wellness-Ecke strikt trennen.*		✔
5.	Man kann im Schlaf lernen. *Ja, aber nur, wenn Sie sich vor dem Schlafen das vorher Gelernte noch einmal durch den Kopf gehen lassen.*		✔

Schmunzelpause

Was ist der letzte Schein, den ein Student macht?
Der Taxischein.
Und der wichtigste Schein für eine Studentin?
Richtig! Der Trauschein.

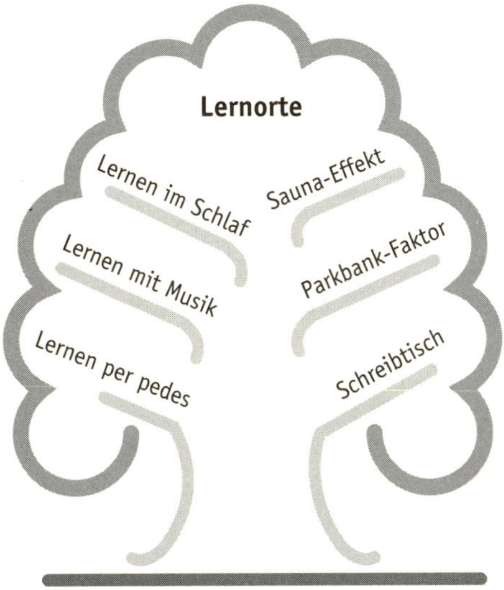

Aerobic fürs Gehirn (4)

Unterbrechen Sie die Routine des Lernens. Tun Sie etwas, was Sie sonst nie tun: Aerobic fürs Gehirn. Es kommt nicht auf die Schwierigkeit der Übungen an, sondern auf die Aktivierung möglichst vieler Gehirnregionen gleichzeitig.

A. So kommt der Gehirnschmalz in Fluss!

Wie lautet das **LERNgesetz**?

B. Nichts hält geistig so jung wie soziale Kontakte

1. Suchen Sie das Gespräch mit dem Nachbarn, dem Verkäufer, dem Taxifahrer ...
2. Spielen ist eine effektive Form von Gehirn-Aerobic. Besonders geeignet sind Schach, Memory, Puzzles und Stadt-Land-Fluss.

C. Die Kopfnuss

Ein Mönch geht morgens um sieben Uhr im Tal los, um auf dem Gipfel eines steilen Berges zu meditieren. Nachmittags um fünf Uhr erreicht er die Spitze des Berges und meditiert bis zum nächsten Morgen. Um sieben Uhr nimmt er denselben Weg ins Tal. Bergab geht es erheblich schneller, und er hat Zeit, Beeren zu sammeln. Er erreicht sein Kloster im Tal wieder genau um fünf Uhr. Gibt es *einen Punkt* zwischen Gipfel und Tal, an dem er an beiden Tagen *zur selben Uhrzeit* vorbeigeht? Warum (nicht)?

D. Aktivieren Sie mehrere Sinne gleichzeitig

1. Gehen Sie in Gedanken die Liste Ihrer Bekannten durch. Sehen Sie dabei deren Gesichter und hören Sie deren Stimmen.
2. Blinde erkennen die Autos der Nachbarn am Motorgeräusch und am Türenschlagen. Das schaffen Sie auch. Sie können sich sogar die Farben der Autos vorstellen.

5. Gut geplant ist halb gelernt

An einer Weggabel angelangt fragte Alice die Katze:
«Welchen Weg soll ich nehmen?»
«Das hängt davon ab, wo du hin willst», antwortete die Katze.
«Ach, das ist mir eigentlich gleichgültig.»
«Wenn es dir egal ist, wo du ankommst», sagte die Katze,
«dann ist es auch egal, welchen Weg du nimmst.»

L. CARROLL, Alice im Wunderland

Menschen ohne Ziel brauchen keinen Plan, Menschen ohne Plan kommen nicht ans Ziel. Manche lasten ihr Scheitern dem Schicksal an. Vielleicht hatten sie nur falsch geplant. Was Sie hier über professionelles Planen lesen, werden Sie künftig in etwa zehn Minuten erledigen, Minuten, durch die Sie Tage, unter Umständen Wochen an Zeit gewinnen.

Was meinen Sie?

Eher falsch (F) oder eher richtig (R)?

		F	R
1.	Eins nach dem anderen, Schritt für Schritt.		
2.	E-Mails beantwortet man erst nach getaner Arbeit.		
3.	Genauer Zeitplan schränkt Kreativität und Flexibilität ein.		
4.	Wenn das Telefon klingelt, Hörer abnehmen!		

Zeit zum Schmunzeln

Mündliche Prüfung in Physik. Der erste Kandidat wird von dem Prüfer gefragt:
«Was ist schneller, das Licht oder der Schall?»
«Der Schall natürlich.»
«Können Sie das begründen?»
«Wenn ich meinen Fernseher einschalte, kommt immer zuerst der Ton und dann das Bild.»

1. Am Anfang steht das Ziel

1. Das Doppel-W-Prinzip

Ihre Lernziele sind gute Ziele, wenn Sie klare Antworten auf die vier Doppel-W-Fragen geben können. Erst dann ist Ihr Gehirn auch mit von der Partie.

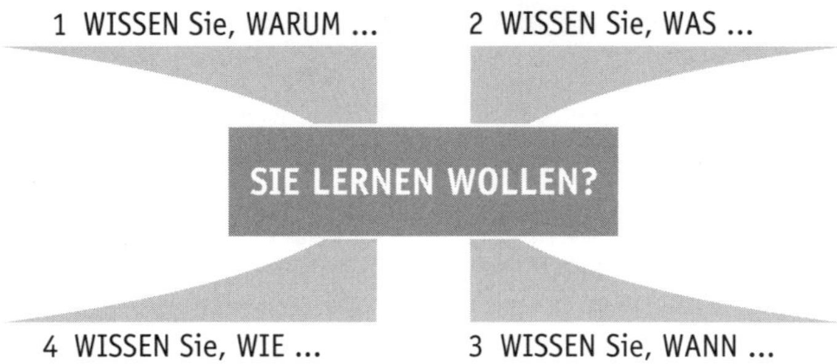

2. Ziele statt Fata Morgana

Mit dem Wissen, was Sie wie, wann und warum lernen, sind Sie auf dem besten Weg. Aber sind Sie auch sicher, dass Ihr Ziel keine Fata Morgana ist? Prüfen Sie, ob es die folgenden vier Kriterien erfüllt.

1. Wissen **warum**	Schaffen Sie sich Motive (S.29ff.).
2. Wissen **was**	Haben Sie den Überblick über den Stoff? Prüfen Sie die Materialien (S.71ff.).
3. Wissen **wann**	Ziele ohne Termine und Kontrollen sind Scheinziele.
4. Wissen **wie**	Planen Sie Weg und Etappenziele mit Methode.

1. **Realistisch und machbar** ist ein Ziel, wenn es herausfordert, ohne zu unter- oder überfordern. Wir brauchen das Vorgefühl der Machbarkeit: «Das schaffe ich!» Die 15 Kilo weniger bis zur Badesaison schaffen Sie nicht, wenn es schon Mai ist.

2. Das Ziel muss **konkret** und **messbar** sein.

Falsch	Richtig
Englische Vokabeln wiederholen.	*Jeden Tag* eine Lektion wiederholen und *testen*.

3. **Ziele** müssen **terminiert** sein. Ohne Zeitplan sind sie weder konkret noch kontrollierbar.
   In zwei Wochen habe ich dieses Buch bearbeitet.
   In drei Monaten habe ich meinen Jagdschein.
4. **Ziele** sind gut, wenn wir sie uns bildhaft vorstellen können. Erfolgreiche Menschen haben eines gemeinsam: die Fähigkeit, die Erreichung des Ziels vorwegzunehmen, die Mittel und den Weg wie einen Film auf die geistige Leinwand zu projizieren und durchzuspielen. Unser Unterbewusstsein nimmt die Projektion für die Tat und steuert uns in Richtung auf das Ziel.
   Die Psychologie nennt es die Zugkraft der Vision oder die sich selbst erfüllende Prophezeiung. Das Zielbild sollte aber nicht nur in Ihrem Kopf, sondern auch materiell ständig gegenwärtig sein: als Kärtchen an der Pinnwand oder als Lesezeichen im Buch.

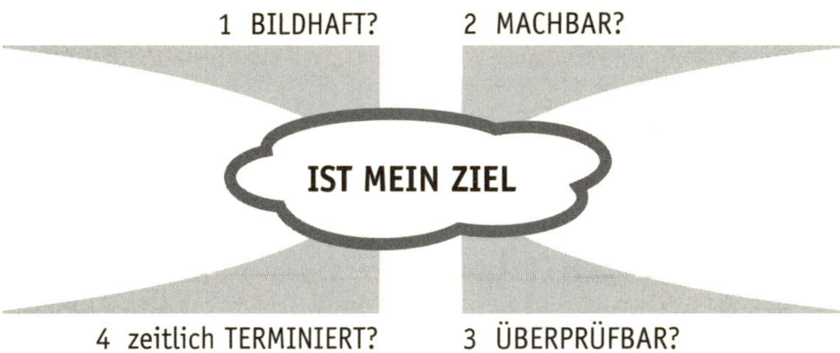

3. From micro to macro – kleine Schritte, großes Ziel

Busreisen und Lernen haben drei Dinge gemeinsam: Ziele, Wege und Pausen. Der Busfahrer, der eine Gruppe von Frankfurt nach Neapel fährt, hat seine Route sorgfältig geplant. Abhängig von der geschätzten Reisegeschwindigkeit legt er die Etappen fest: die vom Gesetz verordneten Ruhepausen und die von der Natur geforderten Pinkelpausen. Und so ähnlich planen Sie Ihre Lernetappen:

- Nehmen wir an, Sie haben sich ein Werk über Gehirnforschung vorgenommen. Verschaffen Sie sich zuerst einen Überblick über die Beschaffenheit der Lernroute (siehe BASIS-Plan S. 70f.).
- So ermitteln Sie Ihre Lerngeschwindigkeit und die Länge Ihrer Lernetappe: Sie nehmen eine Uhr, Papier und Bleistift, Sie lesen etwa 45 Minuten lang zügig und markieren Wichtiges mit post-it oder Haftzettel am Rand, bis Ihre Konzentration nachlässt. Alle fünf bis zehn Minuten haben Sie am Rand Ihres Texts eine Zeitmarke gesetzt. Anschließend gehen Sie das Umfeld der Markierungen durch und notieren ein paar Stichwörter.
- Am nächsten Tag testen Sie, bis zu welcher Zeitmarke Sie das Gelernte noch abrufen können – etwa 70 Prozent sollten es schon sein. Das ist die ungefähre Länge Ihrer Lernetappen. Jetzt können Sie den Lernstoff verteilen.
- Erfüllen Ihre Etappenziele alle Kriterien *guter* Ziele (siehe oben)? Dann können Sie an die Zeitplanung gehen. Kein Ziel ohne Zeitplan! Wenn es Ihnen egal ist, wann Sie ankommen, ist es auch egal, wann Sie sich auf den Weg machen.
- Planen Sie schwarz auf weiß, von Woche zu Woche und von Tag zu Tag. Tragen Sie Ihre Etappenziele in Ihren Terminkalender ein. Denken Sie an Pausen und an Pufferzeiten, denn unverhofft kommt oft.

2. Leistungsgipfel und Leistungstäler

Was interessiert den Chef am Mitarbeiter? Er will wissen, zu welchen Tages- und Nachtzeiten seine Produktivität am höchsten, seine Fehlerquote und Unfallwahrscheinlichkeit am niedrigsten ist.

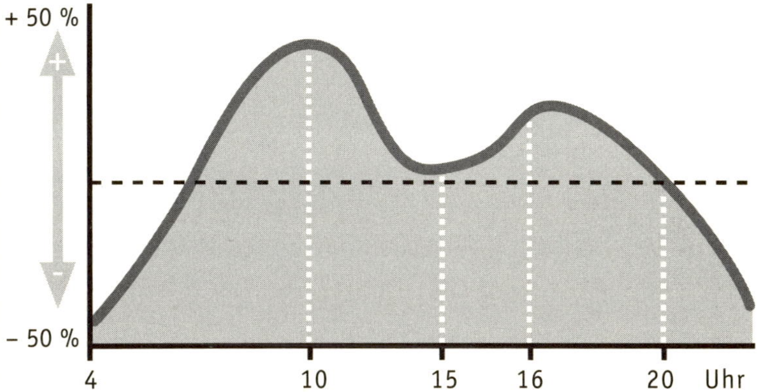

Uns interessiert ebenfalls, wann wir besser und wann wir schlechter lernen. Arbeitspsychologen haben die Leistungshochs und die Leistungstiefs über den Tag ermittelt.
Soweit wir Durchschnittsmenschen sind, erreicht unsere Leistungsfähigkeit ihren Höhepunkt zwischen 9 und 11 Uhr vormittags, um dann in den Mittagsstunden wieder abzusinken. Zwischen 13 und 16 Uhr fallen wir in ein Leistungsloch.
Gegen 16 Uhr steigt unsere Leistungskurve wieder, und wir kommen zwischen 17 und 20 Uhr erneut in Form. Ab 20 Uhr geht es steil dem Leistungsnullpunkt entgegen, und erst ab 4 Uhr morgens geht es wieder aufwärts.
Die Konsequenzen für das Lernen liegen auf der Hand:

- Sie brauchen einen Tagesplan, eine To-do-Liste (siehe unten).
- Tun Sie das Schwierige während der Leistungshochs.
- Legen Sie die Routinearbeit (Nacharbeiten, Reinschriften, Nachschlagen) in die Leistungstiefs.
- Legen Sie Pausen und Freizeit nicht in die Leistungshochs.

3. Gute Zeiten durch Zeitmanagement

Zeit ist Geld, und deshalb fühlen sich Studenten, deren Zeit nicht verwaltet wird, als Millionäre, vor allem in den langen Semesterferien. Je näher die Prüfung, desto größer der Berg, der zu versetzen ist, desto kürzer die Bank, auf die noch etwas zu schieben ist. Eine der Ursachen des *drop-out* ist der schlechte Umgang mit der Arbeits- und Lernzeit. Von den vielen Ratschlägen möchte ich drei weitergeben, die einprägsam und leicht nachvollziehbar sind.

Die ALPEN-Formel[1]

Hinter diesem Merkwort steht die Methode, wie man in wenigen Minuten einen schriftlichen Tagesplan aufstellt.

1. **A** Aufgaben:
   Was zu erledigen ist, auf die To-do-Liste schreiben
2. **L** Länge
   bzw. Zeitbedarf der Aufgaben realistisch schätzen und eintragen
3. **P** Pufferzeiten: Maximal 60 bis 70 Prozent der verfügbaren Zeit verplanen. Den Rest für Unvorhergesehenes reservieren
4. **E** Entscheiden:
   Prioritäten setzen, Liste kürzen; Umfang der Arbeiten beschränken
5. **N** Nachkontrolle:
   Bilanz (Erledigt – Unerledigt) ziehen; was sich nicht von selbst erledigt hat, wird am Abend auf den nächsten Tag übertragen.

Das Pareto-Prinzip[2] oder die 80/20 Regel

Eine kleine Anekdote[3] soll dieses Prinzip erläutern:
Ein alter Professor wurde gebeten, für eine Gruppe von Führungskräften nordamerikanischer Unternehmen eine Vorlesung über sinnvolle Zeitplanung zu halten.

1 Gefunden bei www.wikipedia.de
2 Vilfredo Pareto, italienischer Ingenieur und Ökonom
3 Nach Ralph Anthes, www.anthesum.de, eine empfehlenswerte Internet Seite

«Wir werden ein kleines Experiment durchführen», verkündete der Professor. Er stellte einen großen Glaskrug auf das Pult, holte Kieselsteine, etwa so groß wie Tennisbälle, hervor und legte sie nacheinander in den Krug. Als kein Kieselstein mehr darin Platz hatte, fragte er seine Hörer: «Ist der Krug voll?», und alle antworteten: «Ja!»

Dann holte er einen mit Kies gefüllten Becher hervor. Sorgfältig breitete er den Kies über die großen Kiesel und schüttelte. Der Kies verteilte sich zwischen den großen Kieselsteinen bis auf den Boden des Kruges. Der Professor blickte erneut auf und fragte sein Publikum: «Ist dieser Krug voll?»

Seine Zuhörer begannen zu verstehen. «Wahrscheinlich nicht», meinte einer. «Gut», antwortete der Professor. Vorsichtig kippte er aus einer Tüte feinen Sand in den Krug. Der Sand füllte die Räume zwischen den großen Kieselsteinen und dem Kies. Wieder fragte er: «Ist das Gefäß jetzt voll?» Dieses Mal antworteten alle im Chor: «Nein!» Und als hätten seine Schüler nur darauf gewartet, nahm der Professor eine Wasserkanne und füllte den Krug damit bis zum Rand. Dann blickte er auf und fragte: «Was können wir aus diesem Experiment lernen?» Der Kühnste unter seinen Hörern antwortete: «Selbst wenn unser Zeitplan randvoll ist, können wir immer noch einen Termin einschieben.»

«Nein», antwortete der Professor, «darum geht es nicht. Was wir aus diesem Experiment lernen, ist dies: Wenn man die großen Kieselsteine nicht als Erstes in den Krug legt, werden sie später niemals alle hineinpassen.»

Das Pareto-Prinzip hilft Ihnen, den Alltag zu bewältigen und Zeit für sich zu gewinnen. Was sind Ihre großen Kieselsteine? Legen Sie diese zuerst in den Krug, aber seien Sie wählerisch, es muss noch Platz für die Dinge bleiben, die Ihnen auch wichtig sind.

1. Auf Ihrer To-do-Liste steht, was sie noch erledigen müssen:

A. die großen Kiesel: wichtige Aufgaben, die Sie unbedingt erledigen müssen, weil sie strategischer Natur sind und Langzeitwirkung haben. Sie ordnen die Liste nach der Wichtigkeit für Ihre Ziele.

B. der Kies: Dinge, die Sie erledigen sollten.

C. der Sand: Dinge, die warten können.

2. Das **Pareto-Prinzip** lautet:

- ❍ Sie sichern 80 Prozent des Erfolgs, wenn Sie 20 Prozent der A-Aufgaben in der Reihenfolge ihrer Priorität erledigen.
- ❍ Die restlichen 20 Prozent des Erfolgs sichern Sie durch die Erledigung der restlichen 80 Prozent der A-Aufgaben.

Konsequenz:
Fangen Sie also mit der wichtigsten Aufgabe an. Lassen Sie nichts dazwischenkommen. Bleiben Sie am Ball, bis Nr. 1 erledigt ist. Jetzt überprüfen Sie Ihre Liste und setzen, wenn nötig, die Prioritäten neu.

Angenommen Ihre To-do-Liste besteht aus zehn nach Wichtigkeit geordneten Punkten. Erledigen Sie die zwei wichtigsten der «großen Kiesel», so sichern Sie sich nach Pareto bereits 80 Prozent des Tages- bzw. Wochenerfolgs. Bringen Sie die Liste jeden Monat, jede Woche, jeden Tag auf den neuesten Stand. Das Pareto-Prinzip verschafft Ihnen sicher auch noch die Zeit für die C-Dinge, die Sie gerne tun.
«Und wo bleibt das Wasser?», werden Sie fragen. Lassen wir es für die Pausen stehen, in denen wir trinken, essen und an etwas anderes denken.

Gegenüber der Fähigkeit, die Arbeit eines einzigen Tages sinnvoll zu ordnen, ist alles andere im Leben ein Kinderspiel.

JOHANN WOLFGANG VON GOETHE

«Zettelwirtschaft» statt To-do-Liste[1]

Sie strampeln auf dem Trimm-dich-Rad im Fitnesscenter. Sie schauen immer wieder auf die kleinen Fenster, die Ihnen die Trainingszeit und die zurückgelegten Kilometer anzeigen. Das motiviert. Ohne Orientierungsdaten wüssten Sie nicht, was Sie geschafft haben und was noch vor Ihnen liegt. Jeder Kilometer ist ein Teilerfolg und stärkt die Motivation und das Durchhaltevermögen. Die Industrie nutzt diesen Effekt, indem sie die Erfolgsbilanz «Schon geschafft – Noch zu schaffen» sichtbar macht, um die Leistung von Akkordarbeitern zu steigern.

1 *Nach Kossak, H.-Ch. (1995),* Studium und Prüfungen besser bewältigen. *Medizin-Verlag, München*

Eine Alternative zur To-do-Liste ist die «Zettelwirtschaft». Sie gibt Ihnen ebenfalls die Bilanz «Schon geschafft – Noch zu schaffen». Sie eignet sich besonders, wenn Sie vor einem großen Berg an Arbeit stehen.

- Schreiben Sie die Aufgaben, die Sie erledigen wollen, auf kleine Zettel.
- Heften Sie die Zettel in der Reihenfolge Ihrer Prioritäten an eine Pinnwand. So verlieren Sie Ihre Ziele nicht aus dem Auge.
- Immer wenn eine Tätigkeit beendet ist, wird der betreffende Zettel abgerissen und in eine Schachtel geworfen.
- Sie sehen, wie die Reihe der Zettel immer kürzer wird und freuen sich, dass die Schachtel immer voller wird. Das Licht am Ende des Tunnels wird sichtbar.

Was uns die Wissenschaft über einen stressfreien, gesegneten Lerntag zu sagen hat, erfahren Sie im nächsten Kapitel.

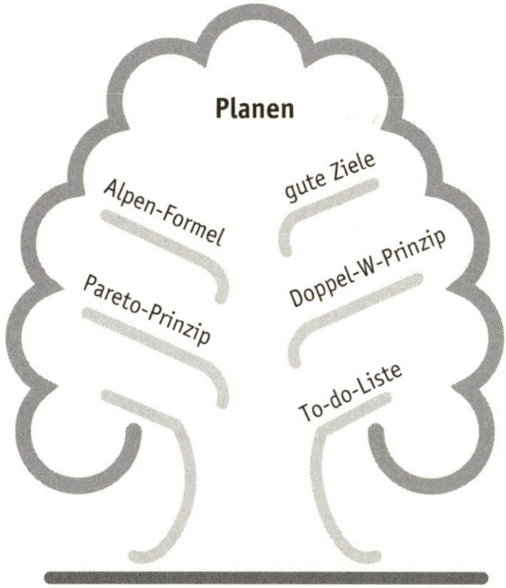

Bildung ist, was bleibt, wenn man alles vergessen hat, was man gelernt hat. B. F. SKINNER

Haben Sie richtig getippt?

	F	R
1. Eins nach dem anderen. Schritt für Schritt. *Sie handeln gegen das Pareto-Prinzip. Das Wichtigste zuerst sichert den Erfolg.*	✔	
2. E-Mails beantwortet man erst nach getaner Arbeit. *Sie sparen Zeit, wenn Sie abwarten, bis alle Mails des Tages eingegangen sind.*		✔
3. Genauer Zeitplan schränkt Kreativität und Flexibilität ein. *Im Gegenteil, er schafft Ihnen Zeit für die Dinge, die wichtig sind und die Sie gerne tun.*	✔	
4. Wenn das Telefon klingelt, Hörer abnehmen! *Nicht ablenken lassen. Kissen über das Telefon und Anrufbeantworter einschalten.*	✔	

Schmunzelpause

Programm einer Fortbildung des Roten Kreuzes:

12–13 Uhr	*Mittagessen*
13–14 Uhr	*Mittagsruhe*
14 Uhr	*Wiederbelebungsversuche*

Aerobic fürs Gehirn (5)

Wo und wann machen Sie Aerobic fürs Gehirn? Vieles können Sie an der Bushaltestelle, im Wartezimmer, beim Schlangestehen oder während der Bahnfahrt üben.

A. Aerobic beim Warten

1. Im Wartezimmer oder Restaurant:
   In welche Gruppen (Kleidung, Gesichter etc.) können Sie die Anwesenden einteilen? Wer wird zuerst den Raum verlassen? Welcher Gast wartet auf jemand? etc.
2. In Gedanken gehen Sie in Ihrer Heimatstadt von A nach B. Was sehen, riechen und hören Sie? An welchen Stellen hat Ihr Gedankengang Lücken?

B. Das Gedächtnis trainieren

1. Schreiben Sie einen Einkaufszettel, aber lassen Sie ihn von jetzt an beim Einkaufen bis zuletzt in der Tasche.
2. Schätzen Sie ab, wie viel Geld Sie benötigen werden.
3. Und an der Kasse rechnen Sie im Kopf mit. So schauen Sie der Kassiererin auf die Finger. «Spätere Reklamation zwecklos».
4. Üben wir das Kopfrechnen für den nächsten Einkauf.
   12 x 12 + 13 x 13 + 14 x 14 = ____________

C. Die kleine Kopfnuss

Zwölf Masten stehen in einer Reihe mit jeweils drei Meter Abstand. In welcher Entfernung stehen Anfangs- und Endmast voneinander?

D. Öfter mal was Neues

1. Hören Sie immer denselben Nachrichtensender?
2. Trinken Sie jeden Abend das gleiche Getränk?
3. Machen Sie immer den gleichen Spaziergang?
   Denken Sie daran: Veränderung hält geistig mobil.

6. Pausenzeit ist Lernzeit

Man verliert die meiste Zeit damit,
dass man Zeit gewinnen will. JOHN STEINBECK

Pausen sind so wichtig, dass man sie in Tarifverträge schreibt und für sie streikt. Auch Firmenchefs schätzen Pausen, weil sie die Leistungsfähigkeit ihrer Arbeiterschaft steigern, Fehlerquoten und Arbeitsunfälle reduzieren. Nur beim Lernen kann man von Pause eigentlich nicht sprechen. Das Gehirn lernt weiter.

Das Kapitel im Überblick

- Die drei Phasen des Lernens
- Pausenzeit ist Lernzeit
- Fünf wichtige Lernpausen
- Erholung durch Abwechslung
- Tote Zeiten und Pufferzeiten

Schmunzelpause

Der gestresste Vorstandsvorsitzende eines großen Konzerns ließ sich zu einer Weltreise in der Concorde überreden. Da er eigentlich keine Zeit dafür hatte, nahm er die wichtigsten Akten mit auf den Flug.
Als man über Europa war, wollte die Stewardess ihn ein bisschen ablenken: «Sehen Sie da unten? Wir überfliegen gerade Rom.»
Der Direktor blickte von seinen Zahlen auf. «Keine Details!», fuhr er sie an. «Die Kontinente, nur die Kontinente.»

Die drei Phasen des Lernens

Der geübte Jogger geht die ersten paar hundert Meter langsam an. Wenn der Schweiß zu perlen beginnt, schaltet er in eine schnellere Gangart. Die letzten 100 Meter läuft er langsam und locker aus. Auch beim Lernen durchlaufen wir diese drei Phasen.

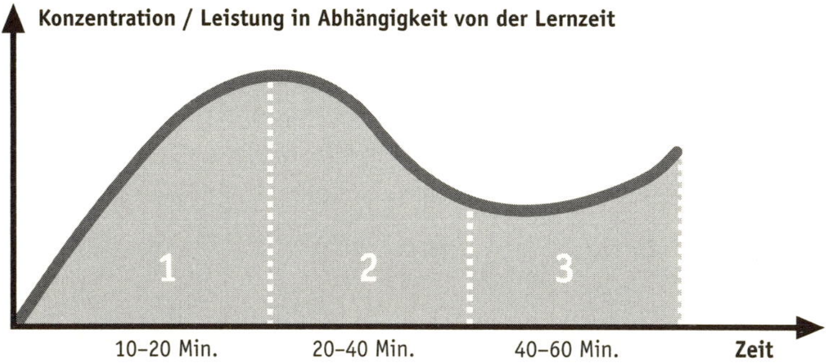

1. Aufwärmphase

Haben Sie für verschiedene Fächer zu lernen, fangen Sie mit etwas an, das Ihnen leicht von der Hand geht. Handelt es sich um ein größeres Pensum, verschaffen Sie sich zuerst einen Überblick (BASIS-Plan S. 70ff.) und planen die Pausen. Bei einem neuen Gebiet beginnen Sie vielleicht mit einem kurzen Brainstorming:

- Was interessiert mich daran?
- Wozu werde ich es später einmal brauchen?
- Wie viel Zeit plane ich ein?
- Was weiß ich schon?

Das *warming-up* hilft Ihnen über die ersten Widerstände hinweg, und Sie starten mit einem kleinen Etappenerfolg in die nächste Phase. Das Anknüpfen an Vorwissen und Interessen trägt entscheidend dazu bei, wie fest sich der Lernstoff in Ihr bereits vorhandenes Wissensgebäude einfügt.

2. Leistungsphase

Ihr Gehirn ist nun bereit, in den nächsten Gang zu schalten. Wenn Sie mehrere Aufgaben zu erledigen haben, nehmen Sie sich jetzt die wichtigsten Brocken vor, für die Sie Ausdauer und Konzentration benötigen: Probleme lösen, Mathematikaufgaben, Gliederung eines Referats, das Einprägen einer Rede etc.

3. Auslaufphase

Die erste Etappe wäre geschafft, ein Punkt der To-do-Liste wird abgehakt. Legen Sie die Lernstrecke in Gedanken noch einmal zurück, ordnen Sie Ihre Notizen oder planen Sie die nächste Etappe. Jetzt klingelt es zur Pause: durchatmen, dehnen, strecken, entspannen und trinken.

Pausenzeit ist Lernzeit

Warum brauchen wir Pausen? Zu Beginn einer Lernetappe steigt unsere Lernleistung zunächst steil an. Nach etwa eineinhalb Stunden sind wir am Höhepunkt unserer Aufnahmefähigkeit angelangt. Von da an sinken wir langsam in ein Leistungsloch. Wer weiter lernt, verschwendet Energie, ja es kann sogar zu Gedächtnisverlusten kommen.

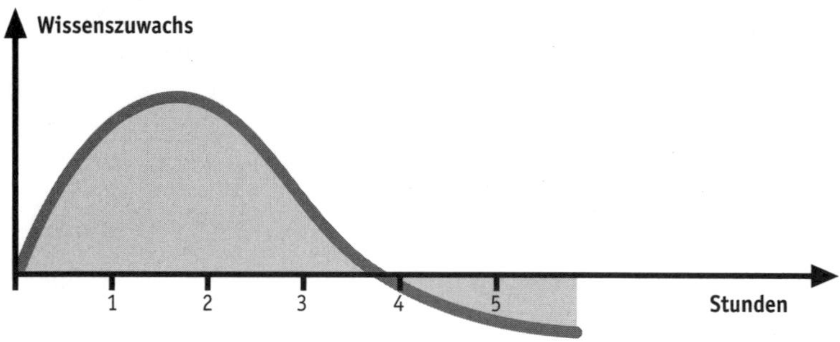

Sinnvolle Pausen dagegen erhöhen die Leistung. Profis planen sogar 25 bis 30 Prozent der verfügbaren Zeit als Pausen ein. Sie holen aber bis zu 15 Prozent der Pausenzeit durch die erzielte Verarbeitungstiefe und Nachhaltigkeit des Gelernten wieder ein. Viele Tests haben dies bewiesen. Hier ein Beispiel:

Man gab einer Gruppe einfache Rechenaufgaben zu lösen und wollte herausfinden, wie die Leistungen von der Pausenzahl und Pausenlänge abhängen. Was meinen Sie? Nach welcher Variante lernte die Gruppe besser?

Bedingung	Gruppe A	Gruppe B	Gruppe C
Pause nach	30 Minuten	15 Minuten	nach 5 Minuten
Pausenlänge	0 Minuten	5 Minuten	1 Minute

Sie werden es erraten haben: Die Teilnehmer arbeiteten unter der Bedingung C am besten. Ähnliche Tests wurden mit Kontrollgruppen wiederholt und die Bedingungen variiert. So behielten Versuchspersonen nach einer Lernperiode mit anschließendem Nickerchen mehr, als wenn sie danach wach und anderen Eindrücken ausgesetzt waren. Während der Mensch ruht, arbeitet es im Kopf weiter (siehe Lernort «Bett», S. 43f.). Pausenzeiten sind also Lernzeiten, Inkubationsphasen, in denen sich das Gelernte absetzt und zu Wissen wird.

Pausen, vor allem die längeren Entspannungspausen, sind auch jene kreativen Phasen, in denen die besten Ideen kommen. Denken Sie an das Gravitationsgesetz, das Newton unter dem Apfelbaum eingefallen sein soll, an Kekulé, der die Struktur des Benzolrings nicht im Labor, sondern vor dem Kaminfeuer entdeckt haben soll, an Archimedes, der sein Heureka (Ich hab's!) in der Badewanne ausrief, oder lesen Sie Werner Heisenbergs *«Das Teil und das Ganze»* (dtv 1975), wo er spannend beschreibt, wie Einstein, Bohr, Planck und er beim geselligen Zusammensein die Einfälle hatten, denen die Atomphysik entscheidende Fortschritte verdankt.

Schmunzelpause

Eltern beginnen Lehrer erst zu schätzen,
wenn es am Wochenende ununterbrochen regnet.

Fünf wichtige Lernpausen

Pausen sind Zeiten, in denen sich der Lernstoff verfestigt. Doch Pause ist nicht gleich Pause. Sie unterscheiden sich durch ihre Länge und ihre Wirkung auf unsere Leistungsbereitschaft.

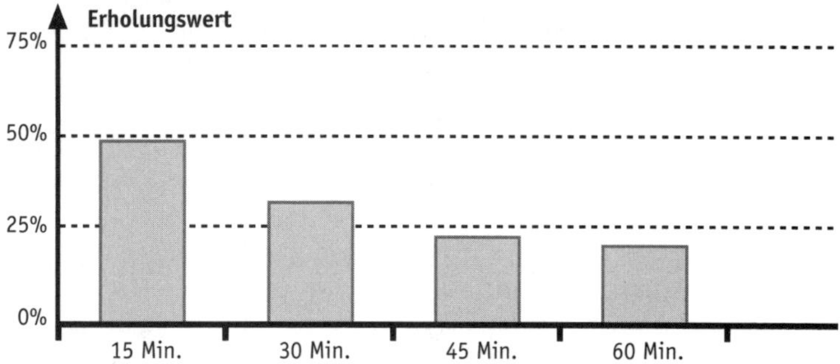

Wie die Graphik zeigt, haben kurze Pausen einen relativ höheren Erholungswert als längere Pausen. Pausieren Sie also rechtzeitig. Wenn man erschöpft ist, ist es bereits zu spät.

1. Die Sekundenpause

Jedes Mal, wenn Sie aufblicken, atmen Sie eine Sekunde ein und eine Sekunde aus. Sauerstoff ist der Treibstoff für Ihr Gehirn. Lassen Sie den Tee nicht kalt werden: Alle halbe Stunde einen Schluck, damit das Blut nicht verdickt und den Sauerstoff besser dorthin transportieren kann, wo gedacht wird.
Wenn Sie den Ort aufsuchen, zu dem auch der Kaiser zu Fuß geht, setzen Sie sich hin und legen die Unterarme auf die Oberschenkel, der Kopf ist leicht nach vorne geneigt. Alle Muskeln sind entspannt, und die Gedanken wandern frei. Nach einer Minute spannen Sie alle Muskeln einige Sekunden kräftig an und lassen wieder locker.

Die Langzeitwirkung eines Augenblicks hängt von seiner Tiefenwirkung ab. ERNST FERSTL

2. Die Denkpause

Sie stoßen auf eine wichtige Textstelle, eine Definition, eine Formel, die eine bessere Würdigung als der Rest des Texts verdient. Lassen Sie die Bedeutung eine Minute auf sich einwirken.
Und immer wenn Sie merken, Sie lesen zwar noch, doch Ihre Gedanken sind woanders, denken Sie eine Minute lang an etwas Schönes.

Wenn Sie den Blick nicht heben, wird die Schreibtischplatte zum Brett vor Ihrem Kopf.

3. Die Minipause

Nach einer Lerneinheit von 30 bis 40 Minuten (z.B. nach einer Mathematikaufgabe) hat Ihr Gehirn fünf Minuten Pause verdient. Die fünf Minuten sollten Sie ihm auch gönnen, wenn Sie von einer Arbeitstechnik zur anderen wechseln, zum Beispiel vom Lesen zum Schreiben oder vom Schreiben zum Wiederholen.

4. Die Kurzpause

Nach einer Arbeitszeit von ein bis zwei Stunden dürfen es schon bis zu 20 Minuten sein. Verlassen Sie Ihren Arbeitsplatz, vertreten Sie sich die Füße, machen Sie Dehnungsübungen, nehmen Sie einen kleinen Imbiss zu sich. Ihr Gehirn arbeitet ja weiter.

5. Die Erholungspause

Nach drei Stunden beginnt das Leben nach der Arbeit. Ist es nicht ohnehin Zeit zum Mittag- oder Abendessen, für ein Nickerchen oder zum Rasenmähen? Dies ist die Konsolidierungsphase, in der sich der Lernstoff ohne Ihr Zutun im Gedächtnis verfestigt.

Erholung durch Abwechslung

Aus der Lernpsychologie wissen wir, dass der Wechsel der Arbeitstechnik ebenfalls Pauseneffekt hat. Schüler, die erst ihre englischen, dann ihre französischen Vokabeln wiederholen, lernen falsch. Es kommt zu den so genannten Ähnlichkeitshemmungen (Interferenzen).

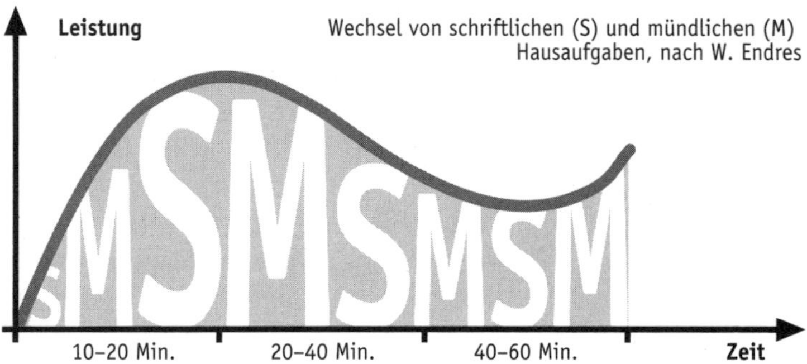

Die Kurve zeigt, wie Schüler ihre Hausaufgaben verteilen sollten. Sie neigen leider dazu, das Mündliche zugunsten des Schriftlichen zu vernachlässigen. Fehlen schriftliche Hausaufgaben, wird man erwischt, fehlende mündliche Vorbereitungen dagegen fallen nicht so leicht auf. Schüler vergessen, dass in der Regel das Mündliche meist das Wichtige und Anspruchsvolle ist und deshalb während eines Leistungshochs erledigt werden sollte.

LERNgesetz

Nicht massiert, sondern verteilt lernen!

Tote Zeiten und Pufferzeiten

Haben Sie auch manchmal das Gefühl, dass Ihnen die Zeit gestohlen wird? Durch die Unpünktlichkeit der Partner, im vollen Wartezimmer des Arztes, im Stau und auf den Gängen von Behörden? Eine Viertelstunde pro Tag wären etwa 90 Stunden jährlich oder 15 Lerntage; eine halbe Stunde pro Woche macht 26 Stunden, etwa vier Lerntage im Jahr.

Was kann man schon in einer Viertelstunde toter Zeit machen? Wenn Sie mit einer Lernkartei arbeiten, könnten Sie in einer Viertelstunde 25 Vokabeln wiederholen, in 52 Wochen wäre das mehr als der Wortschatz von zwei Schuljahren. Sicher ist das nur ein Zahlenspiel, aber auch wenn Sie nur jeden zweiten oder dritten Tag 15 Minuten toter Zeit nutzen, kommen einige hundert Wörter zusammen.

Schließlich hängen wir auch von den Terminplänen der Mitmenschen ab. Planen Sie deshalb Pufferzeiten ein, damit Sie Ihrem Zeitplan nicht hinterherlaufen müssen. Pufferzeiten vermeiden Zeitdruck und Stress.

Die wichtigsten Pausen im Überblick

	Denkpause	**Minipause**	**Kurzpause**	**Erholungspause**
Wann?	alle 5 Min. bzw. nach Bedarf	nach 25–30 Minuten	nach 1–2 Stunden	nach 3–4 Stunden
Wie lange?	**~1 Min.**	**~5 Min.**	**~15 Min.**	**~60–120 Min.**
Was tun?	Notizen machen; Definitionen, Formeln einprägen; Blitzwiederholung	Arbeitstechnik wechseln, räkeln, dehnen, Frischluft tanken, Wasser trinken	Platzwechsel, Spaziergang, Stoff/Technik wechseln, trinken, Obst essen	Essenspausen, Musik; Nickerchen wirken Wunder (siehe auch Lernort Bett, S. 43)

Schmunzelpause

In Amerika glaubt man an Erziehung und Bildung. Ein Professor verdient in einem Jahr mehr Geld als ein Profisportler in der ganzen Woche. EVAN ESAR

Jeder hat in Amerika ein Anrecht auf einen Universitätsabschluss, und sei es nur in der Technologie des Hamburgers. CLIVE JAMES

Aerobic fürs Gehirn (6)

Kleine Herausforderungen halten Ihr Gehirn fit. Die Abwechslung ist wichtiger als der Schwierigkeitsgrad. Aerobic fürs Gehirn aktiviert Bereiche Ihres Gehirns, die gewöhnlich zu kurz kommen.

A. Alle Sinne trainieren

1. Fühlen statt Sehen: Wenn Sie in einer Schublade etwas suchen (Besteck, Werkzeug, Büromaterial), verlassen Sie sich doch einmal nur auf Ihren Tastsinn.
2. Blinde Kuh barfuß: Gehen Sie morgen mit geschlossenen Augen vom Schlafzimmer ins Bad.
3. Hören statt Lesen: Wie wär's einmal mit einem Hörbuch? Es gibt viele Romane auf Kassette und CD. Erleben Sie die Handlung auf Ihrer inneren Bühne.

B. Öfter mal was Neues

1. Schreiben Sie den nächsten Einkaufszettel mit der anderen Hand.
2. Sprechen Sie Ihren Namen und die Ihrer Familie rückwärts.
3. Drehen Sie dieses Buch um. Lesen Sie eine Seite verkehrt herum.

C. Ihr sprachliches Denken ist gefordert

1. Finden Sie zusammengesetzte Wörter mit Stuhl, auf denen niemand sitzt und die niemand anfasst.
2. Den folgenden Wörtern fehlen genau dieselben drei Buchstaben.

W ...	**St ...**
Br ...	**Pf ...**

D. Probleme lösen

1. Bestimmen Sie den nächsten Buchstaben in der folgenden Reihe:
2. **A E A G A I A ?**
3. Welche Zahl fehlt in **B**?

A:	**16**	**8**	**24**
B:	**14**	**?**	**21**

Wie viele Lösungswege sehen Sie?

Verarbeiten mit System

7. Der B•A•S•I•S-Plan – Lernen mit System

8. Notizen verwalten und gestalten

9. Mit B•I•S•S in Vortrag und Vorlesung

Es ist ein großer Vorteil im Leben, die Fehler,
aus denen man lernen kann,
möglichst frühzeitig zu machen.

WINSTON CHURCHILL

III.

7. Der BASIS-Plan – Lernen mit System

Die guten Leutchen wissen nicht, was es einem für Zeit und Mühe kostet, um lesen zu lernen.
Ich habe achtzig Jahre dafür gebraucht und kann auch jetzt nicht sagen, dass ich am Ziel wäre.

JOHANN WOLFGANG VON GOETHE

«*Denn was man schwarz auf weiß besitzt, kann man getrost nach Hause tragen.*» Es ist der Teufel, der dies dem Schüler im Faust rät. Von ihm erfährt der Student natürlich nicht, wie man ein Buch zu seinem geistigen Eigentum macht.
Goethe muss hohe Anforderungen an das Lesen gestellt haben. Was er wohl zu den vielen Techniken wie dem Diagonal-, Quer-, Schnell- und Flächenlesen gesagt hätte? Oder zu meinem Vorschlag, dem Lesen und Lernen nach dem BASIS-Plan?

Das Kapitel im Überblick

- Wie finde ich die richtigen Bücher?
- Wie wähle ich das passende Buch in wenigen Minuten aus?
- Wie arbeite ich nach dem BASIS-Plan?

Zeit zum Schmunzeln

Ich habe einen Schnelllesekurs besucht und «Krieg und Frieden» in 20 Minuten gelesen.
Es geht um Russland.

WOODY ALLEN

Der sichere Griff ins Bücherregal

Sie bereiten ein Thema vor. Wie gewinnen Sie den Überblick über geeignete Bücher?

1. Fragen kostet nichts

- Wer Fragen stellen kann, weiß schon die Hälfte, hat Aristoteles gesagt. Fragen Sie zuerst im Seminar nach den Büchern, die Ihre künftigen Prüfer geschrieben haben.
- Fragen Sie Fachbuchhändler und Bibliothekare. Selbst wenn diese ein Buch nicht gelesen haben, wissen sie, wie oft es ausgeliehen bzw. gekauft wurde – ein Indiz für Qualität.
- Vermeiden Sie die Internetfalle. Die Leserkommentare auf den Seiten der Internetbuchhändler sind nicht immer zuverlässig, da sie häufig von den Autoren selbst geschrieben und von Bekannten ins Internet gestellt werden.

2. Zehn Blitz-Checks in fünf Minuten

«Ist dies das Buch, mit dem ich arbeiten will?» Sie stehen im Buchladen oder in der Bibliothek und haben nicht viel Zeit. Mit den folgenden Blitz-Checks wissen Sie es in fünf, höchstens zehn Minuten. Diese Zeit gewinnen Sie zurück, wenn Sie das Buch «getrost nach Hause tragen» können, und wenn nicht, haben Sie Geld, Ärger und Zeit gespart.

1. **Umschlagseite:**
   Überlegen Sie bereits auf dem Weg, erstens, was Sie von dem Thema wissen, zweitens, welche Fragen Sie haben und drittens, was Sie von dem gewünschten Buch erwarten. Vielleicht finden Sie in den Umschlagstexten erste Antworten.
2. **Inhaltsverzeichnis:**
   Was hat der Autor Ihnen zu bieten? Deckt er Ihr Thema ab? Können Sie die Kapitel unabhängig voneinander lesen? Baut eins auf dem anderen auf?
3. **Vorwort oder Einleitung:**
   Sie erhalten einen ersten Eindruck, wo die Schwerpunkte liegen.
4. **Index** (Stichwortverzeichnis oder Register) im Anhang:
   Enthält er die Begriffe, die Ihr Thema einkreisen? Je nachdem wie

viele Seitenangaben hinter einem Begriff stehen, können Sie auf sein Gewicht innerhalb des Buches schließen.

5. **Erscheinungsdatum:**
   Auch Bücher haben ein Verfallsdatum. Wenn es sich nicht um einen Klassiker oder ein Standardwerk handelt, sollte das Erscheinungsjahr nicht länger als drei, höchstens fünf Jahre zurückliegen.
6. **Layout:**
   Beim schnellen Durchblättern erkennen Sie, ob es leserfreundlich ist, ob es Abbildungen, Grafiken, Fotos, Tabellen enthält.
7. **Literaturverzeichnis:**
   Es zeigt, was der Autor für Sie gelesen hat, woher er sein Wissen bezieht und wie alt oder neu, wie einseitig oder wie breit gefächert die Literatur ist, die er verwendet hat.
8. **Probekapitel:**
   Jetzt schlagen Sie ein Kapitel auf. Ist es systematisch aufgebaut? Ist es leserfreundlich? Gibt Ihnen der Autor zu Beginn einen Überblick und am Ende eine Zusammenfassung?
9. **Literaturliste:**
   Empfiehlt Ihnen der Autor eine Lektüreliste zum Weiterstudium? Wie alt sind die Werke?
10. **Autor:**
   Auf der vierten Umschlagseite finden Sie meistens Angaben zu seinem Werdegang und seinen Veröffentlichungen.

Sie haben sich für ein Buch entschieden. Sind neue Fragen aufgekommen? Sofort notieren! So vorbereitet starten Sie aus der ersten Reihe.

Der BASIS-Plan – Lernen mit System

Tappen Sie nicht in die Romanfalle. Anfänger lesen Fachbücher wie Romane, von Buchdeckel zu Buchdeckel. Oft merken sie erst in der Mitte des Buches, dass jede weitere Seite Zeitverschwendung wäre.
Im Unterschied zum Roman siebt man aus einem Fachbuch das Wesentliche aus, nur die wichtigen dreißig bis sechzig Prozent, die zum Lernziel führen.

Alle Experten empfehlen, ein Lehrbuch in mindestens fünf Schritten zu lesen. **BASIS** ist das Merkwort für den Plan, den ich Ihnen vorschlage. Mit dem **BASIS**-Plan reduzieren Sie die Leselast, erreichen Sie die nötige Verarbeitungstiefe und behalten das erworbene Wissen langfristig. Jeder Buchstabe von **BASIS** steht für einen Gang durch das Buch. Die ersten drei sind Schnelldurchgänge.

Der BASIS-Plan	
1. B Blättern	200 Seiten in 5 bis 10 Minuten
2. A Auswählen & -sortieren	Abschnitte anlesen
3. S Skimming	Suchen nach Such- und Schlüsselwörtern
4. I Intensives Lesen	Kritisches, Sinn erfassendes Lesen
5. S Sichern	Strukturieren, Systematisieren, Notieren

Es erfordert ein gewisses Maß an Übung, die fünf Schritte des **BASIS**-Plans mit der jeweils richtigen Lesegeschwindigkeit anzugehen. Lese ich langsamer, als es die ersten drei erfordern, behalte ich viel Überflüssiges. Zu schnelles Lesen in Schritt 4 geht auf Kosten des Verständnisses.

1. B wie Blättern

Die Kunst des Lesens
ist die geübte Fertigkeit, Seiten zu überblättern,
auf denen man nichts versäumt. WILLIAM BUTLER YEATS

Angenommen Sie stehen vor einem großen Wandmosaik. Zuerst nehmen Sie Abstand und lassen die Augen wandern. Sie gewinnen einen Überblick, bevor Sie einzelne Bildgruppen genauer unter die Lupe nehmen.

Ein Buch ist wie ein Mosaik aus Informationen. Durch das Blättern im Rhythmus von wenigen Sekunden verschaffen wir uns

1. ein Bild vom Umfang und verteilen die Kapitel, wenn nötig, auf mehrere Etappen.
2. den Rahmen, den unser Gehirn braucht, um später das Wichtige in die richtigen Fächer einzuordnen.

Und so gehen Sie vor:

1. Das aufgeschlagene Buch liegt auf dem Tisch. Sie halten es mit der linken Hand. Ihr linker Daumen fixiert die geblätterten Seiten am oberen Viertel des Buchrands.
2. Wischen Sie mit den drei mittleren Fingern der rechten Hand zügig von rechts oben (gerade Seitenzahl) diagonal nach links unten (ungerade Seitenzahl) und wieder zurück, als wollten Sie die Seiten glätten.
3. Entspannt folgen die Augen den zwei diagonalen Ab- und Aufbewegungen Ihrer Hand.
4. So blättern Sie die Doppelseiten je nach Leserfreundlichkeit im Rhythmus von ein bis drei Sekunden.
5. Sie nehmen nur wahr, was im Fließtext des Buchs hervorgehoben ist.

Sicher haben Sie oft schon so ähnlich geblättert – nur mit einem anderen Ziel und viel langsamer. Über dreißig Seiten sollte Ihre Hand in der Minute schon streichen. Geübte bringen es auf 60 Seiten pro Minute. «Mit Lesen hat das wenig zu tun», werden Sie sagen. Richtig, dabei liest man auch nicht im üblichen Sinne des Wortes. Wie vor einem Mosaik stehend, lassen Sie den Blick über die Fläche schweifen und nehmen nur die Bilder wahr, die sich vor dem Hintergrund abheben.
Im Buch sind es die Titel, Untertitel, Zwischentitel, Aufzählungen und Zusammenfassungen, Übersichten, Tabellen, Statistiken, Diagramme, Grafiken, Illustrationen, Randbemerkungen – kurz alles, was der Autor hervorgehoben hat, weil er es für wichtig hält.

- **«Blitzen! Und loslassen!»**
  Sie gehen mit Erwartungen und Fragen an das Buch. Deshalb wird Ihr Blick manchmal von einem besonders interessanten Textbaustein gefangen. Geben Sie sich das Kommando *«Abfotografieren! Und wieder loslassen!»* Sie «fotografieren» den Ausschnitt ab und «vergessen» die Aufnahme sofort, um mit freiem Kopf weiterzublättern.

Nichts prägt sich dem Gedächtnis so fest ein, wie etwas, das wir versuchen zu vergessen. MONTAIGNE

Selbst wenn der Text keine bildhaften Elemente, sondern nur drucktechnische Hervorhebungen (kursiv, fett, unterstrichen, eingerückt, schattiert) enthält, werden Sie erstaunt sein, wie viel davon im Gedächtnis hängen bleibt.

- **Denkpausen**
  Pausen im Sekundenbereich sind erlaubt, wenn Sie auf eine Goldmine stoßen. Sie wird mit einem roten *post-it* markiert.
- **Beurteilen**
  Sie haben das Buch jetzt in zwei Schritten beurteilt – durch Blitz-Checks und Blättern. Sie wissen spätestens jetzt, ob das Buch eine ausreichende Basis für Ihr Lernziel (Prüfung, Vortrag, Seminararbeit) ist.
- **Noch Fragen?**
  Fragen zum Buch, Fragen an den Lehrer oder die Kommilitonen, Kontrollfragen an sich selber für die Wiederholung kommen auf Kärtchen und an die Pinnwand.

DENKpause
Was bringt das Blättern?
Warum «Loslassen» nach dem «Blitzen»?

2. A wie Anlesen, Auswählen und Aussortieren

Bleiben wir beim Vergleich mit dem Wandmosaik. Sie treten näher heran und richten Ihre Aufmerksamkeit auf einzelne Bildgruppen des Gesamtwerks, die Sie interessieren. Alles andere liegt außerhalb Ihres Blickfelds.
Im Buch sind es die wichtigen Textbausteine, die Wissenskerne, denen Ihr Interesse gilt. Legen Sie sich verschiedenfarbige Haftzettel oder *post-it* bereit (sie lassen sich beschriften und spurlos wieder entfernen).

> Nur was interessiert, wird registriert
> und gleich markiert.

Die Kärrnerarbeit wird Ihnen durch den Aufbau wissenschaftlicher Veröffentlichungen erleichtert. Bei einer guten Gliederung können Sie gleich zum Ergebnis eines Versuchs springen und sich den Versuchsaufbau schenken.

Und so gehen Sie vor: Meine Daumenregel lautet, «Anfang und Ende». Achten Sie auf **Anfang** und **Ende** folgender Textbausteine:

Anfang ...

- Die *Einleitung* haben Sie bereits vor der Wahl des Buches überflogen (Blitz-Check 3, S. 71). Oft erläutert sie den Aufbau des Buches.
- Der *erste Abschnitt* eines Kapitels gibt meist eine Vorschau.
- Der *erste Satz* eines *Abschnitts* gibt einen Überblick über das, was folgen wird und ist die Verbindung zum Vorangegangenen.

... und Ende:

- Typographisch hervorgehobene Abschnitte sind in der Regel *Zusammenfassungen, Ergebnisse, Schlussfolgerungen.*
- Der *letzte Satz* des *Abschnitts* enthält oft den Hauptgedanken und leitet zum nächsten über.
- Der *letzte Abschnitt* eines Kapitels ist meist eine Zusammenfassung oder eine Vorschau auf das folgende Kapitel.
- Das *Schlusskapitel* ist ein «Muss», denn es fasst das Wichtigste zusammen.

Lesen mit Durchblick

Wer das Strickmuster erkennt, nach dem Textabschnitte aufgebaut sind, findet schnell die Rosinen im Kuchen. Die meisten Autoren legen den Abschnitt um eine Kernaussage an. Auf fünf Typen werden Sie immer wieder stoßen:

1. Der Kerngedanke (Behauptung, Beweis, These, Argument) steht am Anfang. Die folgenden Zeilen erläutern ihn mit (meist drei) Fakten, Tatsachen oder Beispielen *deduktive Methode.* Oft wird der Hauptgedanke wiederholt oder eine Schlussfolgerung getroffen. Anfang und Ende sind wichtig, überfliegen Sie den Mittelteil.

2. Beginnt der Abschnitt mit einer Beschreibung, mit Fakten oder Beispielen, steht der Hauptgedanke als Schlussfolgerung zuletzt *(induktive Methode)*. Das Ende ist wichtig.
3. Beschreibende Absätze «treten einen Gedanken breit», der zuvor erwähnt wurde. Erkennen und überspringen!
4. Gelenkabschnitte fassen oft zusammen und leiten zum nächsten Thema über. Sie sind hilfreich für die Orientierung im Kapitel.
5. Übergehen Sie unverständliche Abschnitte. Nicht festbeißen, sondern für spätere Klärung grün markieren. Vielleicht stellen Sie fest, dass sie überflüssig sind.

Was interessiert, wird markiert

❍ **Wichtige Abschnitte** markieren Sie sofort durch Einlegen von farbigen Haftzetteln oder *post-it*. So sparen Sie Zeit beim späteren Nachschlagen.

❍ **Farben stiften Sinn**
Den Farben sollten Sie ein System geben, z.B. rot für «Goldmine», blau für «Zitat übernehmen», grün für «noch zu klären», gelb für «Seite kopieren».

❍ **Die Pinnwand**, das zweite Gedächtnis
Beim «Anlesen und Auswählen» sollten Sie voll konzentriert sein. Wenn Ihnen dabei eine Frage oder eine gute Idee einfällt, unterbrechen Sie die Arbeit nur kurz. Ideen und Fragen heften Sie an die Pinnwand. Störende Gedanken, die dringende Besorgung, kommt auf die To-do-Liste. Klopfen Sie sich nun lobend auf die Schulter. Sie haben eine Pause verdient.

DENKpause

Was bedeutet deduktive und induktive Methode? Warum ist es sinnvoll, vor allem Anfang und Ende von Abschnitten zu lesen?

3. S wie Skimming: Suchen der Schlüssel- und Suchwörter

Skimming bedeutet so viel wie «absahnen, abschöpfen». Sie sahnen nun die ausgewählten Textabschnitte nach dem Umfeld der Schlüssel- und Suchwörter ab. Wie erkennt man sie?

- Schlüsselwörter sind meist Substantive (z.B. *Motivation, Lernorte, Pareto-Prinzip*), aber auch Verben, seltener Adjektive (z.B. *gehirnfreundlich* lernen). Das Schlüsselwort schließt ein breites Spektrum an Bedeutungen und Assoziationen auf. Manchmal ist es eine Eigenschöpfung des Autors, wie *Sauna-Effekt* oder *Parkbank-Faktor.* Die wichtigsten finden Sie im Index mit den Seitenangaben.
- Wenn Sie ein Referat vorbereiten, stellen Sie in einem Brainstorming Stichwörter und Fachbegriffe für Ihre Gliederung zusammen. Es sind Ihre persönlichen *Suchwörter,* die Wörter, die Sie bei einer Internetrecherche in die Suchmaschine eingeben würden. Wenn Sie Glück haben, sind Ihre Suchwörter mit den Schlüsselwörtern im Index identisch oder sind ihnen sinnverwandt. Nach ihnen werfen Sie Ihr Netz aus.

  Und so gehen Sie vor:

  1. *Skimming* ist «Lesen mit dem Zeigefinger». Er führt das Auge. Er schwingt im Riesenslalom gleichmäßig von links nach rechts über die Seite und wieder zurück, ohne sie jedoch zu berühren. In ein bis zwei Sekunden umkurvt Ihr Zeigefinger mit jedem Schwung etwa drei bis vier Zeilen. Eine Buchseite von ca. 40 Zeilen skimmen Sie in etwa 10 bis 20 Sekunden ab.
  2. Sie haben sich das Schriftbild des Suchworts eingeprägt. Ihre Augen schwingen in der Spur des Zeigefingers. Sie fixieren aber nicht den Finger, sondern überfliegen den Text innerhalb der Schleifen, bis Sie das Suchwort stoppt.
     Sie lesen nun auch das Umfeld des Suchworts – die Sätze vor und nach ihm – und markieren es für die nächsten beiden Schritte.
  3. Als geübter Leser werden Sie später das Skimming in den zweiten Schritt A wie «Anlesen und Auswählen» einbauen.

4. Mit einiger Übung nehmen Sie zwei und mehr Suchwörter ins Visier. Statt nach *Parkbank-Faktor* und *Sauna-Effekt* zu suchen, kürzen und kombinieren Sie die beiden Begriffe zu *Park-Sauna.*

Die Kärrnerarbeit ist getan. Das Buch ist nun auf das Wesentliche reduziert. Die farbigen Merkzettel, die über die Schnittkante herausragen, erlauben gezieltes Nachschlagen der Wissenskerne. Sie dürfen das Buch nun beruhigt eine Weile beiseite legen.

DENKpause

Was ist Skimming?
Wie unterscheidet sich Skimming vom Lesen?
Was sind Schlüsselwörter und Suchwörter?

4. I wie intensives Lesen

Bis jetzt haben wir noch nicht das getan, was man gemeinhin unter Lesen versteht. Wir haben zwar die wichtigsten Teile in der Hand, aber es «fehlt leider noch das geistige Band». Das geistige Band knüpfen wir in dieser und der nächsten Phase (**S** wie Sichern).

❍ **Beschränken**
Intensiv lesen wir nur das auf seine Gedankenkerne reduzierte Buch: die ausgewählten Abschnitte und besonders das Umfeld der Suchwörter.
Ist das Buch sehr anspruchsvoll oder umfangreich, gehen wir schon nach zwei bis drei Kapiteln zum nächsten Schritt, **S** wie «Systematisieren und Sichern», über.

❍ **Etappenweise markieren**
Bisher haben wir eher mitgedacht, was ein Autor vorgedacht hat. Intensives Lesen heißt, unsere Textauswahl kritisch zu bewerten, die Gedanken zu akzeptieren oder abzulehnen. Unsere Bewertung setzen wir als Kürzel oder Symbole auf Zeilenhöhe an den Rand (in fremden Büchern auf Haftzettel oder *post-it*).
Dieses Markieren zwingt zu einer intensiven Bearbeitung des Textes. Die optischen Signale erleichtern später das Auffinden und Wiederholen.

Funktionswort	Funktion	Bewerten & Markieren
auch außerdem darüber hinaus ferner oder	Aufzählung von meistens drei Fakten, Beispielen, Argumenten, die den Kerngedanken stützen sollen	gutes Beispiel, + oder *, weitere Beispiele überspringen
ähnlich ebenso genau so wie gleichfalls	Vergleich, Parallelen; Übertragung auf andere Situationen	Vergleich: ≈ Vergleich brauchbar ≠ hinkt / falsch
also das heißt denn nämlich da; weil	Erläuterung, Erklärung, Verständnishilfe oder Hervorhebung	' logisch ? unklar – unlogisch
also demnach deshalb folglich	Schlussfolgerung Konsequenz Ergebnis	P (über)prüfen – unlogisch N notieren K für kopieren
aber andrerseits jedoch obwohl, trotz	Einschränkung, Gegenargument, Ablehnung, Widerspruch, subjektive Meinung	↔ Gegenargument ? subjektiv ϟ genial
in einem Wort kurz gesagt schließlich wie man sieht	Schlusswort Zusammenfassung Ergebnis Kernaussage	! Kernaussage Z Zitieren ∑ Zusammenfassung * brillant / merken

❍ **Markieren mit System**

Markieren Sie sparsam, immer nach dem gleichen System. Suchwörter sind das Einzige, was man in (eigenen) Texten mit Markern farbig hervorhebt. Ein häufiger Fehler des Anfängers ist das Einfärben ganzer Absätze während des Lesens. Setzen Sie Ihre

Symbole mit einem dünnen Bleistift auf den Seitenrand. Im nächsten, fünften Schritt werden Sie nur den Rand vertikal nach ausgewählten Markierungen absuchen.

- **Den Gedankengängen des Autors nachgehen**
  Um den Sinn zu erfassen, muss man auf die Funktionswörter (siehe Tabelle) achten, die Satzteile, Sätze oder Paragraphen logisch miteinander verbinden. Oft sind es Ausdrücke oder Konjunktionen. Aber Vorsicht, manche sind je nach Kontext mehrdeutig.
- **Etappenweise Erfolgskontrolle**
  Nun legen Sie den Text beiseite und lassen ihn Revue passieren. Erinnerungslücken werden durch Nachlesen aufgefüllt. Lassen Sie sich dabei von Ihren Suchwörtern und Markierungen leiten.
  Wie steht es mit den Ausgangsfragen, die an Ihrer Pinnwand hängen? Hat sie der Autor beantwortet?

5. S wie Sichern, Speichern, Systematisieren

Auf die Frage, ob er Zettel oder ein Notizbuch verwende,
soll Einstein geantwortet haben:
«Ich brauche keines von beiden. Ideen sind etwas sehr Seltenes.»

Uns geht es weniger um seltene Ideen als um das Sichern und Speichern ausgewählter Informationen.

- **Warum machen wir Notizen?**
  Gut organisierte Notizen sind Gedächtnisstützen aus Papier, die unser Gehirn entlasten. Sie sind die Grundlage für das Lernen und Wiederholen, für das Schreiben von Referaten und die Vorbereitung von Vorträgen und Prüfungen.
- **Wann machen wir Notizen?**
  Die Versuchung ist groß, sich schon während der ersten zwei Schritte des BASIS-Plans (**1.** Blättern, **2.** Auswählen) Notizen zu machen. Doch das würde Ihre Konzentration stören. Ferner kostet es Zeit, denn es unterbricht den schnellen Leserhythmus.
  Der richtige Zeitpunkt ist gekommen, wenn Sie eine längere intensive Lese-Etappe abgeschlossen haben.

Abschreiben von einem Autor ist geistiger Diebstahl, abschreiben von mehreren ist wissenschaftliche Arbeit.

❍ **Was wird markiert und notiert?**
Sie suchen die Seitenränder nach der Markierung (N = Notieren evtl. auch nach +, ≈,!, Z, *,∑) ab. Vergessen Sie nicht, die Seitenzahl der Fundstelle zu notieren. Die Erfahrung zeigt, dass man immer wieder die eine oder andere Notiz später überprüfen muss.

Was man notieren könnte		
Autor, Titel, Jahr Beispiele Datum, Ereignis	Definitionen Formeln Gesetze	Kritik Regeln Quellen
Suchwörter oder Schlüsselwörter mit ihrem Umfeld		

Definitionen und Zitate werden mit der Quellenangabe wörtlich übernommen und in Anführungszeichen gesetzt, aber das wussten Sie schon.

DENKpause

1. Für was stehen die Buchstaben des Basis-Plans?
   1. **B** ....
   2. **A** ....
   3. **S** ....
   4. **I** ....
   5. **S** ....
2. Warum macht man in der 4. Phase noch keine Notizen?
3. Wie markieren Sie in fremden Büchern?

Aerobic fürs Gehirn (7)

AfG mobilisiert mehrere Gehirnregionen gleichzeitig. Außerdem aktiviert es eine Vielzahl unterschiedlicher Gehirnfunktionen.

A. Wie schnell können Sie umschalten?

1. Ergänzen Sie die Redensart:
   Vorsicht ist ...
2. Welches ist die nächste Zahl?
   7 13 11 17 15 ?
3. Welches Wort gehört in die Klammer. Die Wörter davor und dahinter werden durch es ergänzt:
   LANG- (- _______-) -ABDRUCK
4. Welche zwei Buchstaben folgen?
   H I G J F
5. Wie heißt der Baum?
   (Schriftwerk) + E = Baum
6. Welches Tier gehört nicht dazu?
   HTCHE IAH LEFELOR AWL
7. Legen Sie die fünf Streichhölzer so, dass sie die Ziffer 8 ergeben.

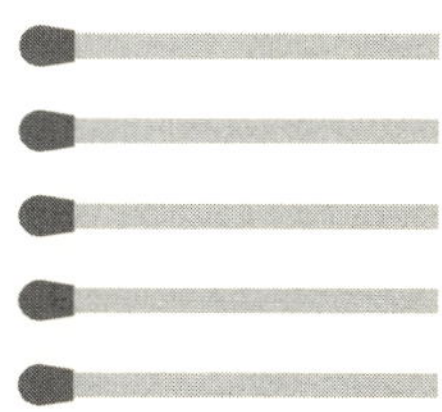

B. Fühlen, schätzen und kontrollieren

1. Gehen Sie morgens vor die Tür. Schätzen Sie die Temperatur.
2. Schätzen Sie das Gewicht Ihrer Aktentasche/Einkaufstasche.
3. Schätzen Sie die Länge Ihres Zeigefingers.

C. Die Kopfnuss

20 Damen feiern ihr zehnjähriges Abitur. Zum Abschied gibt jede jeder ein Wangenküsschen. Wie oft wurde geküsst?

D. Wie gut ist Ihr visuelles Gedächtnis?

Wo befinden sich die Buchstaben des Wortes A-e-r-o-b-i-c auf dem Keyboard des Computers? Tippen Sie das Wort auf der Tastatur Ihrer Vorstellung.

III.

8. Notizen verwalten und gestalten

Lesen verhält sich zum Lernen wie die Weinlese zur Spätlese. Trauben werden gelesen und gekeltert. Notizen werden gesammelt und gestaltet. In diesem Kapitel geht es um das Verwalten und Gestalten Ihrer Notizen, in Kapitel 13 folgt der dritte Schritt, das Behalten.

Seit der Antike wird Lernstoff anschaulich präsentiert. Der mittelalterliche Baum des Wissens ist Vorläufer des Mind Map, das ein vereinfachter Querschnitt des Baums des Wissens ist.

Schmunzelpause

Grundlagenforschung ist das, was ich mache, wenn ich nicht weiß, was ich da gerade mache.

WERNHER VON BRAUN

1. Notizen verwalten

Aufzeichnungen machen und sie systematisch ordnen, klingt nach Aufräumen und Aktenstaub. Gerne würden wir diesen Schritt überspringen, wenn da nicht das unbarmherzigste aller Lerngesetze wäre:

LERNgesetz
Wir lernen – und vergessen.

Aber gegen das Vergessen ist ein Kraut gewachsen: «Notizen mit System» ist der erste Schritt.

- **Worauf wird notiert?**
  Vom Notizheft ist abzuraten, weil sich die Reihenfolge der Notizen nicht verändern lässt und etwaiges Nachtragen schwierig wird. Damit man Notizen ordnen, austauschen und archivieren kann, kommen sie je nach Lernziel auf Blätter, Karten oder Kärtchen.
- **Wo beschaffen Sie sich die Karten?**
  Karteikarten sind teuer. Bevor Sie auch nur einen Cent investieren, fragen Sie bei großen Firmen nach (Druckereien und Copy-Shops), ob dort nicht Papier in Karteikartenstärke als Abfall anfällt. Sind Ihnen diese Quellen verschlossen, tut es auch dickes Brief- oder besser Zeichenblockpapier. Es wird mit den großen Schneidegeräten der Büromaterialausgabe, Kopierstelle oder eines Copy-Shops millimetergenau zugeschnitten.
- **Wie beschriftet man Karten und Blätter?**
  Sie werden grundsätzlich nur *einseitig* beschrieben, damit man sie einkleben, an die Pinnwand heften oder, wenn nötig, schnell erneuern kann. Ausnahmen sind Wortschatzkarten, Fundortkarten und Kontrollkarten. Im Folgenden mache ich Ihnen vier Vorschläge, wie Sie die Früchte Ihrer Lektüre professionell verwalten können.

Die Techniken des Notizenmachens sind als Vorschläge zu verstehen. Sie werden die auswählen, die Ihnen liegen, und Sie werden ihnen Ihre persönliche Note geben.

Ein Ausschnitt aus einem «Baum des Wissens», 16. Jahrhundert.

1. Wissen wo – die Fundortkarte

Die Fundortkarte im Format einer halben Postkarte ist ein praktisches und zeitsparendes Arbeitsmittel für alle, die mehr als einmal im Leben ein Buch in die Hand nehmen.
Auf die **Vorder**seite kommen Autor, Titel, Erscheinungsort und -jahr. Vergessen Sie nicht die Signatur der Bibliothek für den Fall, dass Sie später noch daraus zitieren müssen.
Auf der **Rück**seite stehen Verweise auf besonders lesenswerte Kapitel oder Querverweise auf andere Werke zum gleichen Thema. Weitere nützliche Fundorte sind Internetadressen, Kulturinstitute oder Medienstellen.

Zeit zum Schmunzeln

«Heute besprechen wir den Schädel eines der Vorläufers des Homo Sapiens», eröffnete der Professor seine Vorlesung. «Es gibt nur zwei Exemplare. Einer ist im Britischen Museum – und ich habe den zweiten.»

Wohin mit den Karten?

In den handelsüblichen Karteikasten oder – wenn man sparsam sein will – in einen passenden leeren Karton aus dem Supermarkt, und zwar in alphabetischer Reihenfolge nach Autorennamen.

Vorderseite	Rückseite
Kleinschroth, Robert **Sprachen lernen.** Der Schlüssel zur richtigen Technik. Reinbek, 2003 Bibliothek / Signatur / Standort	**Nachlesen / Wiederholen** Die Technik d. Visualisierens, S. 58 Mehrkanaliges Lernen, S. 61 Mentales Wortschatztraining, S. 64 Wiederholen, aber richtig, S. 69

2. Gesucht und gefunden – die Suchwortkarte

Suchwörter (siehe S. 78) sind die zentralen Begriffe Ihres Themas, die Grundlage für Referate und die Vorbereitung auf Prüfungen. Ein Beispiel: Im 4. Kapitel über Lernorte haben Sie Ihr Suchwort *Suggestopädie* gefunden. Die Suchwortkarte (etwa Postkartengröße) könnte so aussehen:

> Lernen bei **Musik** – Suggestopädie
>
> Lehrervortrag bei langsamer Musik (60 Takte/Min), gute Lernatmosphäre und Gruppendynamik. Effizienz nicht bewiesen. (siehe Schiffler, 1989, Spitzer, 2002)
>
> Quelle: Kleinschroth, R. (2005), Rowohlt, S. 41
> Lozanov, G. (1978), Suggestology and Outlines of Suggestopedy. Gordon & Breach

Unter das Suchwort notieren Sie das Wichtigste aus seinem Umfeld. Sie benützen dazu Ihren eigenen Telegrammstil. Querverweise auf Bücher, Skripten oder Mitschriften mit Seitenangaben führen Sie auch nach Monaten schnell zum Fundort.

Neue **Intelligenzen**

EI/EQ	MI	SI	LI
Emotionale I. Goleman	Multiple I. Gardner	Successful I. Sternberg	Lern-I. Kleinschroth

Quelle: Kleinschroth, R. (2005), Rowohlt, S. 17ff.
Primärliteratur im Anhang

Diese Karten werden sparsam und einseitig beschrieben, damit man mehrere gleichzeitig kopieren, ausschneiden, aufkleben und mit Pfeilen, Farben oder Symbolen zu einem Strukturbild verbinden kann (siehe Seite 161).
Gehen Sie großzügig mit dem Platz um. Wenn er nicht ausreicht, nehmen Sie eine zweite, dritte Karte und nummerieren sie durch.

Intelligenz: Lernintelligenz ≈ Successful Intelligence

1. Selbstmotivierung
2. Zielorientiertheit
3. Prioritäten setzen
4. Ausdauer
5. Aktive Neugier
6. Eigeninitiative
7. Autonomie
8. Selbstvertrauen
9. Frustrationstoleranz
10. Intelligenzen bündeln

Quelle: Kleinschroth, R. (2005), Garantiert Lernen lernen, S. 17ff.
Kleinschroth, R. (2003), Sprachen lernen, S. 22

3. Daten, Fakten, Formeln – das persönliche Memory-Kärtchen

Memory-Kärtchen sind Lernkärtchen. Das Format hängt von Ihrer Schrift und von dem Fach ab. Meine Wortschatzkärtchen passen in eine halbierte Zigarettenschachtel, damit ich sie bequem in die Hosentasche stecken kann. Heute bieten die Verlage zwar fix und fertige Lernkarteien an, doch nur das selbst geschriebene Kärtchen ist ein gutes Lernkärtchen, denn es enthält Ihr persönliches be- und verarbeitetes Wissen.

Vorderseite	Rückseite
Der Spatz in der Hand ist besser als die Taube auf dem Dach.	***A*** bird in the hand is ***worth*** ***two in the bush***.

Memory-Kärtchen eignen sich für die meisten Fächer. Hier notieren Sie auch die Fragen, die Sie vor dem Lesen an das Buch haben oder die Ihnen während der Lektüre kommen.

	Vorderseite	Rückseite
Lektüre:	Frage	Antwort
	Begriff	Definition
Medizin:	Symptome	Krankheit
Sprache:	ganzer Ausdruck	Übersetzung
Chemie:	Formel	Erklärung
Geschichte:	Ereignis	Quelle / Folgen

Auf den richtigen Umgang mit den Kärtchen kommt es an. Wie Sie Ihre persönliche Kartei zu einem effektiven Lernwerkzeug machen, erfahren Sie in Kapitel 13.

4. Filterkarten – die Filetstücke unter den Notizen

Ich nenne sie Filterkarten, weil auf ihnen – nachdem aller Ballast des Texts herausgefiltert ist – nur noch das logische Gerüst und die Wissenskerne eines Artikels beziehungsweise eines oder mehrerer Kapitel eines Buches stehen.

So gehen Sie vor:

- Sie nehmen dazu eine gewöhnliche karierte DIN-A4-Seite, die Sie in drei Zonen einteilen.
- Gehen Sie nun die Markierungen im Buch oder Skriptum durch. Versuchen Sie dabei den gedanklichen Aufbau, die Struktur zu

erkennen, was umso schneller geht, je klarer der Text vorstrukturiert ist. Mit meiner Filterkarte wiederholen Sie das Kapitel 6 über die Kunst des Pausierens.

- Die Filterkarte kommt an eine Wand, an der Sie täglich vorbeigehen, später in ein Ringbuch.
- Kleinere Formate legt man bei den Fundstellen in das Buch zwischen die betreffenden Seiten ein. So kann man seine Notizen später schnell am Originaltext überprüfen.
- Prüfungsstoff testen Sie durch Abdecken der rechten Spalte.

	Lernzeiten planen Fundort: 6. Kapitel
1. Lernphasen	**Eine Lernsitzung = 3 Phasen**
Aufwärmphase	**Aufwärmphase:** ca. 10–15 Minuten Planen, Überblick gewinnen, Vorwissen aktivieren, Fragen stellen oder mit etwas Leichtem beginnen.
Leistungsphase	**Leistungsphase:** ca. 40–60 Minuten schwierige Aufgaben erledigen; je nach Länge durch Pausen unterbrechen.
Auslaufphase	**Auslaufphase:** ca. 10–15 Minuten Gelesenes durchblättern & überdenken; Notizen systematisieren; To-do-Liste aktualisieren; Bewegung, Trinken.
2. Pausenzeiten	**Pausenzeiten sind Lernzeiten**
Denkpause	**Denkpause** alle 5 Min. bzw. nach Bedarf bis zu 1 Min.; Notizen machen; Einprägen v. Definitionen, Regeln, Formeln; Blitz-Wiederholung.
Minipause	**Minipause** nach 25–30 Minuten. Länge: ca. 5 Min. Arbeitstechnik wechseln; Frischluft tanken, Wasser trinken.
Kurzpause	**Kurzpause** nach 1–2 Stunden; Länge ~ 15 Min. Platzwechsel, Spaziergang; Stoff, Technik wechseln; Trinken, Obst essen.
Erholungspause	**Erholungspause** nach 3–4 Stunden; Länge ca. 60–120 Min; Essenspause, Musik; Nickerchen wirkt Wunder.
3. Pufferzeiten	Maximal 60–70% der verfügbaren Zeit als Arbeitszeit planen. 30–40% für Unvorhergesehenes reservieren.

DENKpause

Können Sie das Schema ergänzen?

Notizen verwalten
- 1. ____________
- 2. ____________
- 3. ____________
- 4. Filterkarten

2. Notizen gestalten

Notizen sind wie Kaffeebohnen.
Vor dem Genuss steht die Zubereitung.

Ohne Gestalten kein Behalten. Abgeschriebenes ist nicht durchdacht, und was nicht durchdacht ist, wird nicht behalten.

Gestalten heißt verändern

Umformulieren

1. Kürzen 2. Erweitern 3. Erläutern

Notizen kann man auf vielfältige Art machen. Ihrer Kreativität sind da keine Grenzen gesetzt. Die wichtigsten Gestaltungstechniken sind zugleich die wichtigsten Wiederholungstechniken:

1. Originaltext umformulieren

Das Umformulieren stellt Ansprüche an unsere sprachliche und unsere logische Intelligenz. Man schlägt die ausgewählten Abschnitte auf und geht die Markierungen auf dem Rand vertikal durch.

- **Text kürzen**
  Texte, die sich breit und träge dahinwälzen, werden auf ihre Kerngedanken (Suchwort mit Umgebung) reduziert. Überflüssige Wörter, Wendungen und Sätze werden ignoriert. Nur Zitate und Definitionen werden wörtlich übernommen.

- **Text erweitern**
  Fachjargon und Fremdwörter werden nachgeschlagen oder nachgefragt und die Erläuterungen in Klammern beigefügt. Notizen aus mehreren Werken zum Thema werden kombiniert.
- **Text erläutern**
  Wo der Text zu abstrakt ist, sucht man ein Beispiel. Wenn der Autor Gedankensprünge macht, baut man Gedankenbrücken.

2. Die Schlagworttabelle

Sach- und Fachbücher haben einen Index, der die Schlüsselwörter auflistet. Damit man sie in ihrem Umfeld sofort nachlesen kann, sind sie mit Seitenangaben versehen. Ein Schlagwort kann ein Schlüsselwort, Suchwort, Fachbegriff oder Gedankenkern sein. Und so gehen Sie vor:

1. Erstellen Sie eine Tabelle.
2. Setzen Sie vor dem Lesen die Begriffe in die linke Spalte, die Sie in dem Buch zu finden hoffen.
3. Sie ergänzen die Tabelle während Schritt 4 (Intensives Lesen) des BASIS-Plans.
4. Wenn Sie Zeit haben, übertragen Sie die Tabelle später auf Ihren Computer. Der Vorteil: Sollten Sie Bücher zum gleichen Thema bearbeiten, lässt sich die Tabelle alphabetisch ordnen und ergänzen.

Schlagwort	Gedächtnisstütze	Seite
Notizen – Wo?	Fundort-, Suchwort-, Lern-, Filterkarte	86ff
Notizen – Wie?	kürzen, umformulieren, strukturieren, gestalten	91f
Hospitalismus	geistige Untätigkeit → Intelligenzverlust	13
Ziele sollten	machbar, messbar, terminiert und bildhaft sein	51
Lernort «Bett»	Gelerntes im Schlaf verarbeiten & vernetzen	43
Pareto-Prinzip	Erledigung v. 20% der Prioritäten → 80% d. Erfolgs	54
Parkbank-Faktor	Lernortatmosphäre wirkt als Gedächtnisstütze	42
Sauna-Effekt	Gemeinsam «schwitzen», länger «sitzen»	43
Leistungskurve	Verteilung v. Aufgaben auf Leistungshochs/-tiefs	53

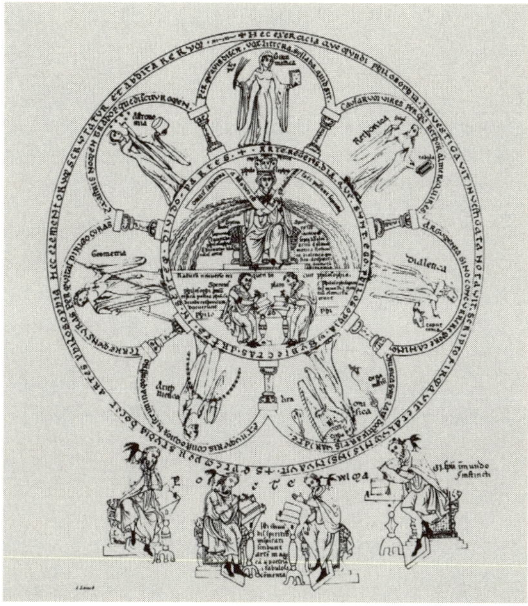

Die Septem Artes Liberales, die sieben freien Künste, in einer kunstvollen «Mind-Map» aus dem Mittelalter.

3. Die Landkarten des Wissens

Immer schon haben sich Gelehrte Gedanken gemacht, wie man Wissen anschaulich präsentieren kann. Mind-Mapping, Mind-Blooming, Clustering, Ideenkarten, Textbilder und wie sie alle heißen, gehen – die einen mehr, die anderen weniger – auf die Technik des freien oder strukturierten Assoziierens mit Papier und Bleistift zurück. Das alte didaktische «Prinzip der Anschauung» liegt allen Techniken zugrunde: Gedankengänge werden grafisch dargestellt. Anders als der Baum des Wissens zeigt das Mind-Map den Stamm und die Krone in einem vereinfachten Querschnitt.
Gedankenkarten sind eine Kombination aus logisch-hierarchischer Gliederung, Anschaulichkeit und dem freien «Kommen-lassen» von Ideen. In Reden, Referaten und Vorträgen kann man sich von Ast zu Ast «hangeln», ohne den Überblick zu verlieren.

Mind-Mapping auf einen Blick

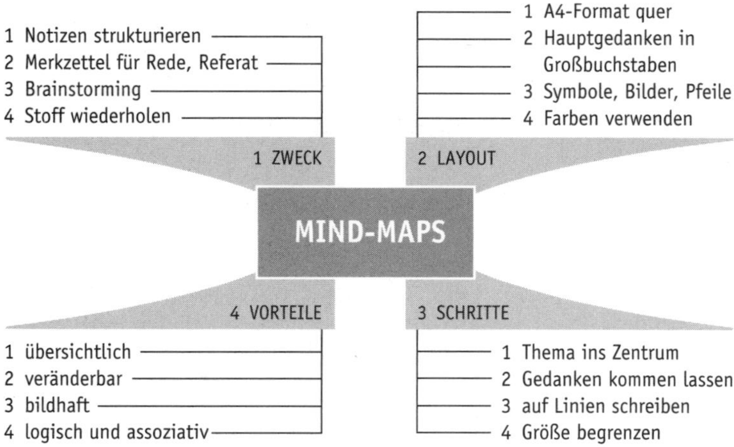

Vorteile und Nachteile

Natürlich kann man die Landkarte seiner Gedanken, die Gliederung eines Artikels oder einer Vorlesung auch mit Papier und Bleistift «mind-mappen». Allerdings geht das nicht ohne häufiges Radieren. Oft ist das Papier irgendwann zu Ende, und man muss von neuem beginnen.

Am Bildschirm lassen sich die Äste mühelos verschieben, neu ordnen, löschen oder ergänzen. Bei aufgeschlagenem Buch und einer Tasse Kaffee oder während einer Vorlesung wird man allerdings zu Papier und Bleistift greifen. Bis der Laptop hochgefahren ist, könnten die schönsten Ideen bereits verloren gegangen sein.

In Kapitel 13 erfahren Sie, wie man vom Verwalten und Gestalten seiner Notizen zum Behalten gelangt, um mit einem Minimum an Zeit einen maximalen Lernerfolg zu erzielen.

Schmunzelpause

Mich erstaunen Leute, die das Universum begreifen wollen, wo es schwierig genug ist, in Chinatown zurechtzukommen.

WOODY ALLEN

Aerobic fürs Gehirn (8)

Sie können Ihr eigenes Fitnessprogramm fürs Gehirn zusammenstellen. Das Prinzip ist einfach: Gewohnheiten verändern, neue Eindrücke suchen, das Gedächtnis trainieren, den Denkapparat herausfordern.

A. So könnte das Programm für heute aussehen:

1. **Die Gehirnhälften wechseln**
   Beispiel: Beim Essen Messer, Löffel, Gabel, Tasse und Glas in die andere Hand nehmen.
2. **Nicht nur die Augen offen halten ...**
   sondern alle Sinne – vor allem *die Sinne* bewusst gebrauchen, die wir vernachlässigen. Beispiel: Riechen und Schmecken.
   Warum variieren Sie nicht öfters Ihren Speisezettel?
3. **Köpfchen statt Händchen**
   Seit wir Telefonnummern einspeichern und mit dem Taschenrechner rechnen, leidet das Zahlengedächtnis der Menschheit.
   Vorschlag: Kopfrechnen statt Taschenrechner, Telefon- und Kontonummern, Pincodes und Einkaufslisten einprägen statt eintippen oder aufschreiben.

B. Auf dem Weg zum Gedächtniskünstler (I)

Gehirnakrobaten haben ein System von 101 ausgeklügelten Merkwörtern entwickelt, mit deren Hilfe man sich lange Zahlen dauerhaft einprägen kann. Für Pincodes und Telefonnummern behelfen wir uns zunächst mit den Zahlen 1 bis 9.

1 = T/D **Tee**	**2** = **N**oah	**3** – o**M**a	**4** = **R**eh	**5** = **L**öwe
6 = G/Sch **Sch**uh	**7** = **K**uh	**8** = A**F**fe	**9** = **B**au	**0** = ö**S**e

Bei den Buchstaben kommt es auf die Lautung an, deshalb **1** = T oder D, **8** = F oder V; **9** = P oder B. Wir merken uns noch **6** = G oder Sch.

3–1–2–1–0 = **O**ma trinkt **T**ee mit **N**oah aus **D**osen
M = 3 Striche; **T** =1 Strich; **N** = 2 Striche, 10 = **D**o**S**e

Visualisieren Sie die Begriffe so, dass sich die Bilder überlappen.
Mit diesem System, das wir nach und nach erweitern, werden Sie jede noch so lange Zahl spielend behalten – und nicht nur Zahlen.

III.

9. Mit B•I•S•S in Vorlesung und Vortrag

Bildung ist die Fähigkeit, fast alles anhören zu können, ohne die Ruhe zu verlieren ROBERT LEE FROST

Mit sechs und sieben Jahren lernen die Kinder noch für den Lehrer. Sie lauschen seinen Worten bis zu 90 Prozent der Unterrichtszeit.
Im Alter von 14 bis 17 Jahren, in dem man nicht nur alles, sondern alles besser weiß, fällt das Interesse am Lehrerwort auf unter 40 Prozent.

Auch der Hörer von Vorlesungen und Vorträgen kann nicht die ganze Zeit voll bei der Sache sein. Wie Sie Ihre Aufmerksamkeitsspanne verlängern, wie Sie selektiv zuhören und dabei effektiv lernen, darum geht es in diesem Kapitel.

Was meinen Sie?

Eher falsch (F) oder eher richtig (R)?	F	R
1. Setze dich so, dass du den Dozenten von vorne siehst.		
3. Die besten Plätze sind in den ersten zwei Reihen.		
4. Vorauslernen senkt das Interesse am Vortrag.		
5. Eine Vorlesung sollte man auf Kassette aufnehmen.		

Schmunzelpause

Die Vorlesung ist eine Veranstaltung, in der die Notizen eines Professors in die Notizen des Studenten wandern, ohne den Umweg über ihre Köpfe zu nehmen.

1. Starten Sie aus der ersten Reihe

Es ist dumm, in der Freizeit zu lernen, was man in der Schulzeit lernen könnte. Ich glaube, ich übertreibe nicht, wenn ich sage, dass mehr als 50 Prozent der Schüler und Studenten diesen Fehler machen: Sie holen den Stoff im Unterricht oder der Vorlesung ab, tragen ihn nach Hause und lernen ihn in der Zeit, die ihre Freizeit sein könnte.

Es gibt Vorlesungen und Seminare, die über die Karriere entscheiden. Im günstigsten Fall findet die Prüfung schon nach dem laufenden Semester statt. Aber wie sieht es aus, wenn Sie den Stoff erst nach mehreren Semestern zum Examen parat haben müssen? Die drei ‹**V**s› (**V**orbereiten, **V**orwissen aktivieren, **V**orausdenken) bringen Sie auf den Weg, und mit B • I • S • S erreichen Sie das Ziel.

1. Vorlesung vorbereiten

Vorbereitungen beginnen immer mit gezielten Fragen:

- ❍ Welche Bedeutung hat das Stoffgebiet für meinen Beruf?
- ❍ Wird der Dozent mein Prüfer sein?
- ❍ Wenn ja, welche Bücher hat er geschrieben?
- ❍ Steht sein Vorlesungsplan im Internet?
- ❍ Hat er ein Skriptum herausgegeben?
- ❍ Hält er sich in Prüfungen an den Inhalt der Vorlesung?
- ❍ Gibt es eine Lektüreliste?

Die Ansprechpartner mit den richtigen Antworten finden Sie unter den Assistenten, den Studentenvertretern oder den höheren Semestern.

2. Vorwissen aktivieren

Öffnen Sie die Schubladen Ihres Gedächtnisses und machen Sie Inventur. Die neuen Informationen aus der Vorlesung vernetzen sich so besser mit den bereits vorhandenen.

- ❍ Was weiß ich bereits?
- ❍ Was brauche ich?
- ❍ Was weiß ich noch nicht?

Es ist wichtig festzustellen, was man nicht weiß oder wissen will. Unser Gehirn hat das Bedürfnis, die Lücken zu füllen, die ihm bewusst werden.

Wie stellen Sie fest, was Sie nicht wissen? Blättern Sie im Buch oder im Skriptum zur Vorlesung. Anhand des Inhaltsverzeichnisses entdecken Sie die weißen Flecken auf der Landkarte Ihres Wissens.

3. Vorausdenken

Gute Lerner sind neugierig und aktiv. Sie behalten die Nase vorn, wenn Sie an das Skriptum oder an das Buch des Dozenten kommen.

- ❍ Finden Sie den Anschluss durch Nachlesen der Aufzeichnungen der letzten Stunde.
- ❍ Gewinnen Sie einen Vorsprung, indem Sie im Skriptum oder Buch zur Vorlesung abschnittsweise vorauslesen.
- ❍ Gehen Sie mit einer gewissen Erwartung in die Vorlesung. Die Erwartung erzeugt Spannung: «Was wird er/sie heute bringen?» So verlängern Sie Ihre Aufmerksamkeitsspanne.

Durch Vorbereiten, Vorwissen und Vorausdenken stimmen Sie Ihr Gehirn ein. Das neue Wissen findet so in dem Gebäude Ihres alten Wissens den richtigen Platz.

2. Mit dem richtigen BISS in die Vorlesung

BISS ist ein Merkwort, das sich in Ihrem Gedächtnis festbeißen soll. Jedes Mal, wenn Sie in einem Seminarraum oder Vorlesungssaal Platz nehmen, werden Sie an BISS denken. Die Anfangsbuchstaben stehen für:

B	wie	**B**eobachten, was man nicht hört (z.B. Mimik)
I	wie	**I**nteresse wecken und wach halten
S	wie	**S**chreiben, Skizzieren und Mind-Mappen
S	wie	**S**ichern und Behalten

Wer mit BISS in die Vorlesung geht, legt die passive Hörerhaltung ab und wird zum aktiven Zuhörer.

1. B wie Beobachten, was man nicht hört

Erinnern Sie sich noch an eine Unterrichtsstunde Ihrer Schulzeit? Wenn ja, dann vermutlich weniger wegen des Themas, sondern weil Sie sich in Ihrem alten Klassenzimmer und einen bestimmten Lehrer vor der Tafel sehen.

Lernorte sind Abrufmechanismen (Parkbank-Faktor). Diesen Effekt nutzen wir auch in der Vorlesung. Natürlich sollen Sie sich nicht jede Woche das Layout des Raums oder die Krawatte des Dozenten einprägen, das geschieht ganz ohne Ihr Zutun.

Beobachten Sie das, was Sie nicht hören oder mitschreiben können: die Körpersprache des «Lehrkörpers». Mimik und Gestik sind Teil der Botschaft: der Blick, die Haltung, der Zeigefinger, der auf einen Begriff an der Tafel aufmerksam macht, die Handbewegung, die ein Argument betont, unterstreicht oder in Zweifel zieht, das Lächeln, das ein Ergebnis begrüßt oder eine These ironisch kommentiert – dies sind die bildhaften Anker, an denen Sie Informationen dauerhaft festmachen. Die Vorlesung ist also mehr als das gesprochene Wort, man versteht nur alles, wenn man den Sprecher sieht. Daher ist es nicht empfehlenswert, eine Vorlesung auf Kassette aufzunehmen.

Wenn Sie mir bis hierher folgen, werden Sie auch den nächsten Schritt tun. Kommen Sie so früh, dass Sie einen günstigen Sitzplatz ergattern: in der vorderen Hälfte des Saales – als Rechtshänder etwas links von der Mitte. Wenn Sie von Ihrem Block aufschauen, steht der Dozent etwas rechts von Ihnen, aber Sie blicken ihm noch voll ins Gesicht. Man hat herausgefunden, dass dies der günstigste Beobachtungs- und Horchposten ist.

Bei offenem Auge und Verstand wird Ihnen die Zeit nicht lang. Allerdings gilt dies nur für Vorlesungen, die nicht vorgelesen, sondern frei gehalten werden. Abgelesenes ist Sprache ohne Körpersprache und eine Zumutung für den Zuhörer.

Schmunzelpause

«Es macht mir nichts aus, wenn die Studenten alle fünf Minuten auf die Uhr sehen», sagte ein Professor. «Es stört mich erst, wenn sie anfangen, die Uhr zu schütteln oder sie ans Ohr zu halten.»

2. I wie Interesse wecken und wach halten

Besucher einer Vorlesung oder eines Vortrags bezeichnet man als Hörer. Und viele verhalten sich auch so. Seien Sie nicht Hörer, sondern **Zu**hörer. Das Interesse am Thema und am Vortragenden macht den Unterschied. Interesse (lateinisch *inter esse)* heißt so viel wie *dabei sein, aufmerksam sein* und *Anteil haben.*

Wie stellen Sie es an, *dabei zu sein* und 45 bis 90 Minuten *dabei zu bleiben*? Versuchen Sie es mit diesen Tipps (von S. 97):

- ❍ Denken Sie an das dritte **V** (S. 98). Laufen Sie dem Vortrag nicht hinterher, eilen Sie ihm gedanklich voraus. Fragen Sie sich immer wieder: «Worauf will der Redner hinaus?»
- ❍ Nehmen Sie jede Gelegenheit wahr, eine Frage zu stellen oder zu beantworten. «Gute Lerner» haben das Selbstvertrauen, die Initiative zu ergreifen; sie sind neugierig und stellen Fragen (Seite 24).
- ❍ Versuchen Sie in Gedanken jede rhetorische Frage zu beantworten, bevor der Redner es tut. Es könnte eine Prüfungsfrage werden.
- ❍ Achten Sie auf die Sprache. Stellen Sie sich Sprachbilder auch bildhaft vor, sie haben hohen Erinnerungswert.
  Interessieren Sie sich für die Person des Vortragenden. Welche der Intelligenzen setzt er ein, welche lässt er vermissen? Wie könnte er seinen Tafelanschrieb, seine Folien verbessern?
- ❍ Hat er sprachliche Ticks? Verwendet er oft die gleichen Adjektive oder Floskeln? Wie könnte man es besser sagen?

All dies und noch mehr können wir während des Zuhörens tun, denn wir denken um ein Vielfaches schneller als der Redner spricht. Die Geschwindigkeitsdifferenz ist ja auch leider ein Grund dafür, dass wir abschalten, wenn wir nicht aktiv zuhören. Das Gehirn fühlt sich unterfordert, wenn es seinen Denkfluss dem langsameren Redefluss anpassen muss.

Schmunzelpause

Fragt ein Student den anderen:
«Du, über was hat der Prof das letzte Mal gesprochen?»
«Keine Ahnung. Das hat er nicht gesagt.»

3. S wie Schreiben, Skizzieren, Mind-Mappen

Ein Mensch spricht in der Stunde durchschnittlich etwa 8000 bis 10000 Wörter. Das Gehirn folgt mit Leichtigkeit, die Schreibhand aber kann das nicht. Sie können etwa 1200, höchstens 2500 Wörter mitschreiben. Umso wichtiger ist es, nur das Wesentliche zu notieren und mit denselben Abkürzungen und Markierungen zu arbeiten, die Sie auch beim Lesen verwenden.

Worauf schreiben Sie?

Bereiten Sie die Seiten eines karierten College-Blocks vor, die Sie nur einseitig beschreiben. Die Rückseite ist für Ergänzungen reserviert. Im Idealfall stellt ein guter Redner seine Gliederung vor, hält sie auf dem Tageslichtprojektor fest und verweist im Verlauf seines Vortrags darauf. Ihre Mitschrift kann der Gliederung folgen. Jedes Blatt bekommt die Form einer Filterkarte (siehe S. 89f.).

Worauf hören Sie besonders?

Filtern Sie aus dem Redefluss die «Regieanweisungen» an das Gehirn. Sie geben die **Kommandos** zum Ohrenspitzen und Bleistiftzücken.

❍ **Kommando: Mitdenken, Vorausdenken, Markieren**
Bei folgenden Fragen und Sätzen heißt es «Gehirn einschalten».

Welche Erklärung gibt es dafür?
Was können wir daraus schließen?
Wo liegt nun genau das Problem?
Wie wir später sehen werden ...

Achten Sie auf die logischen Signale. Sie verbinden Satzteile, Sätze und Gedanken miteinander. Oft sind es die Funktionswörter und Konjunktionen (siehe Tabelle Kapitel 7).

❍ **Kommando: Mitschreiben**
Achten Sie auf die Signale, die Ihnen die Struktur des Vortrags ankündigen, und notieren Sie die Gliederungspunkte:

Ich möchte Ihnen einen Überblick über ... geben.
Kommen wir nun zu einem zweiten Aspekt von ...
Schauen wir ... nun etwas näher an.
Lassen Sie mich ein Beispiel geben.
Zusammenfassend kann man sagen ...

❍ **Kommando: Skizzieren und Mappen**
Mitschreiben ist gut, gestalten ist besser, Anschauung ist alles. Wer seine Mitschrift gestaltet, hat das Gehörte bereits bearbeitet. Signale, die Sie erinnern, vom Schreiben zum Veranschaulichen zu wechseln, sind Wörter wie *Ablauf, Experiment, Prozess* etc. Was können Sie tun? Versuchen Sie so viel wie möglich grafisch darzustellen. Verwenden Sie die Standarddiagramme: Tabellen, Mind-Maps, Kurven-, Fluss-, Torten- und Balkendiagramme. Besser noch ist die eigene kleine Gedächtnisskizze, die Abstraktes anschaulich macht.

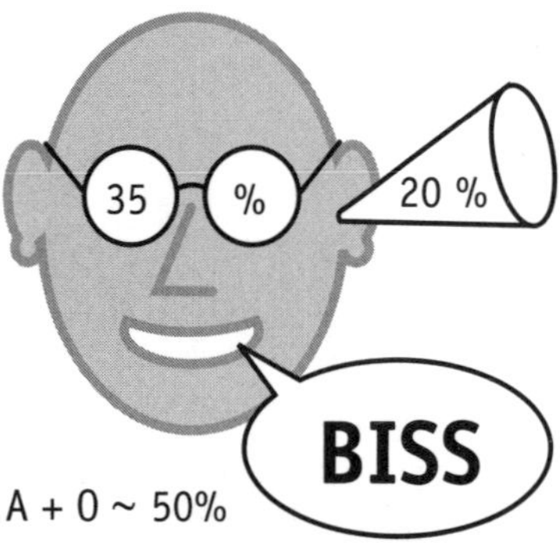

❍ **Kommando: Lernen mit Gefühl**
Der stärkste Parkbank-Faktor ist die Verbindung des Lernstoffs mit Gefühlen und der Atmosphäre des Lernorts. Wie findet Emotionales den Weg in Ihre Mitschrift?
Angenommen, der Dozent erzielt einen Lacheffekt, dann setzen Sie ein frohes Smiley in den Text; es unterläuft ihm eine Panne, schreiben Sie ein *Ups!* in Klammern; er trägt zum ersten Mal eine rote Krawatte, die malen Sie in den Text, einen «Gedankenblitz» ⚡, wenn bei Ihnen ein Groschen gefallen ist, ein trauriges Smiley an einem rabenschwarzen Tag usw. Im Internet finden Sie eine Vielzahl von Emoticons, um Stimmungen auszudrücken.

Wenn Sie nach Wochen und Monaten Ihre Aufzeichnungen wieder in die Hand nehmen, erinnert Sie das Emoticon an die Bank im Hörsaal, an die Stimmung des Augenblicks und an das Gehörte, auch wenn es nicht in Ihrem Skriptum steht.

So könnte man die Seite des College-Blocks aufteilen

Thema	Mit B•I•S•S in die Vorlesung	14.10. 05
1. Die 3 Vs	**Mit Vorsprung in die Vorlesung** **1. Vorlesung vorbereiten** Dozent = Prüfer? Vorlesungsplan im Internet? Skriptum, Lektüreliste besorgen **2. Vorwissen aktivieren** und Wissenslücken aufdecken **3. Vorausdenken** Nachbereiten Skriptum /Buch vorauslesen	*Raum für Markierung*
2. B•I•S•S	**Mit B•I•S•S in die Vorlesung** Beobachten, was man nicht hört Interesse wecken und wach halten Schreiben, Skizzieren, Mind-Mappen Sichern und Behalten	

4. S wie Sichern und Behalten

Wie nützlich es ist, auch den sechsten Sinn, das Gefühl, einzuschalten, wird deutlich, wenn man an die Stoffmenge eines Semesters denkt. Eine Stunde Vortrag entspricht je nach Gegenstand bis zu 30 Druckseiten, die Semesterunterlagen des Professors sind bis zu 500 Seiten stark.

Das ist viel Stoff, der natürlich nicht allein durch Zuhören haften bleibt. Soll Ihre Mitschrift die Basis für die Vorbereitung auf eine Klausur sein, genügt es nicht, sie «schwarz auf weiß nach Hause zu tragen».

Das Verschieben der Nachbereitung ist die größte Sünde der Studenten. Die erste Überarbeitung muss (!) möglichst zeitnah innerhalb von 24 Stunden nach der Sitzung erfolgen, solange die Eindrücke noch frisch sind.

Mitschriften haben ein Verfallsdatum.
Lässt man sie liegen, werden sie unbrauchbar.
Späteres Aufkochen ist zwecklos!

Der erste Schritt ist der wichtigste:

- ❍ Sie haben zwischen den Textblöcken großzügigen Freiraum für Ergänzungen gelassen.
- ❍ Was Ihnen noch einfällt, wird ergänzt, Unklares wird nachgefragt.
- ❍ Was nicht leserlich ist, wird neu geschrieben.
- ❍ In der dritten Spalte des Blocks markieren Sie Kernaussagen, Merksätze, Thesen, Schlagwörter.
- ❍ Abkürzungen mit ihren Bedeutungen kommen in eine Tabelle, die weitergeführt wird.
- ❍ Nur die Schlüsselwörter und Suchwörter werden farbig im Text markiert.

Erst mit dem **zweiten Schritt** wird aus dem Hörer ein Student.

- ❍ Ergreifen Sie jede Gelegenheit, mit anderen Studenten über die Vorlesung zu sprechen.
- ❍ Besorgen Sie das Begleitmaterial: die empfohlene Lektüre, Aufsätze und Kapitel der Fachbücher.
- ❍ Begleiten Sie die Vorlesung durch selbständiges Lesen.
- ❍ Legen Sie Suchwort- bzw. Memory-Kärtchen an.
- ❍ Und wenn Sie noch Zeit haben, suchen Sie im Internet nach den Schlüsselwörtern.

Haben Sie richtig getippt?

		F	R
1.	Setze dich so, dass du den Dozenten von vorne siehst. *Der Vortragende sollte leicht rechts von dir aus gesehen stehen.*		✓
2.	Die besten Plätze sind in den ersten Reihen. *Nein, setze dich als Rechtshänder etwas links von der Mitte, in die vordere Hälfte des Raums, vor allem bei Projektionen.*	✓	
3.	Vorauslernen senkt das Interesse am Vortrag. *Im Gegenteil, es weckt Erwartungen. Der Vortrag aktiviert das Vorwissen, und man hört mit mehr Gewinn zu.*	✓	
4.	Eine Vorlesung sollte man auf Kassette aufnehmen. *Nein, Zeitverschwendung, lieber aktiv zuhören.*	✓	

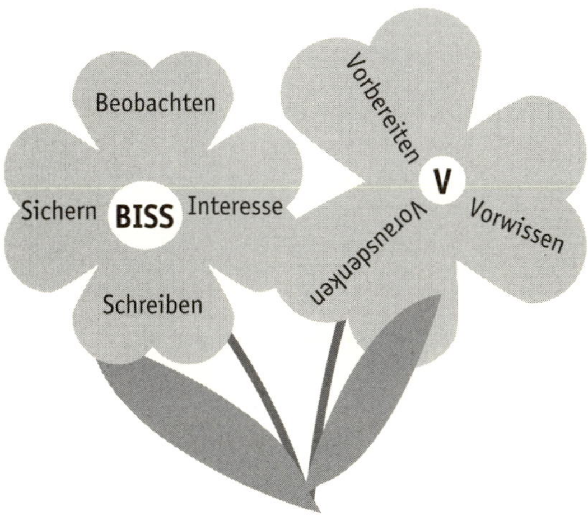

Schmunzelpause

Ein Lehrer beendete den Elternabend über «Lernen lernen». Der Elternsprecher erhob sich: «Also, nach Ihrem Vortrag sind wir kein bisschen klüger als zuvor.» Der Lehrer lächelte: «Klüger wohl nicht, aber gewiss besser informiert.»

Aerobic fürs Gehirn (9)

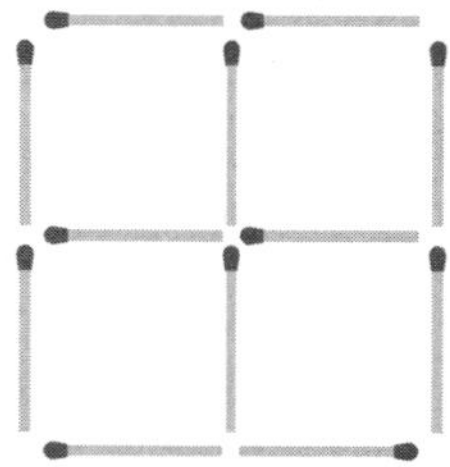

A. Die Kopfnuss

Verschieben Sie vier Hölzer so,
dass drei Quadrate entstehen.

B. Probleme lösen durch Querdenken

Die Oma muss ihren zweijährigen Enkel beaufsichtigen. Sie möchte dabei in Ruhe stricken und setzt den Kleinen in den Laufstall. Doch im Laufstall schreit das Kind wie am Spieß. Sie holt ihn heraus, der Kleine hört zwar auf zu schreien, aber will ständig auf ihren Schoß. So geht es hin und her. Da hat die Oma eine Idee. Welche?

C. Auf dem Weg zum Gedächtniskünstler (II)

Erkennen Sie das System hinter den Merkwörtern der Zahlen von 10 bis 19? Da es sich um ein phonetisches System handelt, ist 1 = T/D, 7 = K/CK, 8 = F/V und 9 = P/B.

10 = DoSe	11 = Tod	12 = Ton	13 = Dom	14 = Teer
15 = Diele	16 = Tisch	17 = Dock	18 = Topf	19 = Taube

1 = **T** (Tee)	und **2** = **N** (Noah),	also ist	**12** = ToN
1 = **T** (Tee)	und **9** = **B** (Bau),	also ist	**19** = TauBe
2 = **N** (Noah)	und **0** = **S** (öSe),	also ist	**20** = NaSe

Haben Sie das System verstanden? Können Sie es fortsetzen? Aber Vorsicht! Die Merkwörter sind durcheinander gewürfelt.

__ = Name	__ = Neffe	__ = Niere	__ = Nil	__ = Nische
__ = Nonne	__ = Noppe	__ = Note	__ = oNKo	__ = MauS

Und um welche 10-stellige Zahl handelt es sich hier?

Taube, **Nonne** und **Maus** sitzen in **Nische** vom **Dom** = __.__.__.__.__
Visualisieren Sie den Satz, und Sie werden die Zahl nicht mehr vergessen können.

Verankern statt vergessen

10. Gehirnfreundlich lernen

11. Mehrkanalig lernen, mental trainieren

12. Wiederholen mit W•I•N

13. Lernen im Vorbeigehen

Bei genauem Hinsehen zeigt sich, dass Arbeit weniger geisttötend ist als Amüsement. CHARLES BAUDELAIRE

IV.

1. Gehirnfreundlich lernen

Es genügt nicht, einen scharfen Verstand zu haben,
die Hauptsache ist, ihn richtig zu gebrauchen.

RENÉ DESCARTES

Dem menschlichen Gehirn ist es noch lange nicht gelungen, all seine Geheimnisse zu lüften. Seit einigen Jahren aber können Forscher dem Gehirn von Mensch und Tier beim Lernen zuschauen. Und sie bestätigen die Weisheiten großer Lehrer von Konfuzius über Comenius bis Montessori. Darum geht es in diesem und im nächsten Kapitel.

Aktivieren Sie Ihr Vorwissen

1. Was wissen Sie über Ihr Gehirn?
2. Wie kommt es, dass wir manches behalten, anderes vergessen?
3. Wie be- und verarbeitet man Lernstoff sinnvoll?
4. Was ist flaches und tiefes Lernen?

Zeit zum Schmunzeln

Ein junger Mann war gezwungen, einen Job bei einer Schreinerei anzunehmen. «Gut», sagte der Meister, «zuerst nehmen Sie den Besen und fegen den Boden.»
«Aber ich habe ein Diplom in Betriebswirtschaft!», protestierte der junge Mann.
«Ach du meine Güte!», seufzte der Meister, «dann zeige ich Ihnen am besten zuerst, wie man den Besen hält.»

1. Werden wir unser Gehirn jemals verstehen?

Seit dem letzten Viertel des 20. Jahrhunderts steht das Thema «Lernen» ganz im Zeichen der Gehirnforschung, und seit dem Jahr 2000 befinden wir uns in der *Dekade des menschlichen Gehirns 2000–2010* (ein Projekt unter der Schirmherrschaft des Bundesministers für Wirtschaft und Arbeit). Grund genug, sich zu fragen, was wir über unser außergewöhnliches Organ wissen oder noch nicht wissen.

- Es wiegt etwa 1400 Gramm, also nur etwa zwei Prozent unseres Körpergewichts. Trotzdem verbraucht es mehr als 20 Prozent der gesamten Energie des Körpers.
- Man schätzt die Zahl der Nervenzellen (Neuronen) auf etwa 100 Milliarden. Allein die Großhirnrinde besteht aus ca. 23 Milliarden Zellen.
- In der Großhirnrinde haben Männer etwa 3,5 Milliarden Nervenzellen mehr als Frauen. Das will nicht heißen, dass Männerhirne leistungsfähiger wären. Es hat eher mit der Kopfgröße zu tun.
- Die Leistungsfähigkeit hängt von der Verkabelung der Zellen untereinander ab. Jede einzelne Nervenzelle ist mit bis zu 10 000 benachbarten Nervenzellen in Verbindung. Die Zahl der Nervenfasern und der Verbindungen zwischen den Neuronen schätzt man auf 10^{14} (100 000 000 000 000). Sie stellen die Kommunikation zwischen den einzelnen Nervenzellen her und bestimmen den Fluss unserer Gedanken.
- Das Gehirn ist also im Prinzip ein gigantisches Telefonnetz mit einer Länge von 400 000 bis 500 000 Kilometern. Es würde etwa 12-mal rund um die Erde reichen.
- Und wie in einem Telefonnetz fließen entlang der Nervenbahnen Impulse. Wird eine Nervenzelle durch einen ankommenden Reiz stimuliert, werden über Schalter (Synapsen) die Verbindungen zu anderen Nervenzellen hergestellt.
- Zwischen Nervenzelle und Synapse ist ein kleiner Spalt. Erinnern wir uns an etwas, so feuern die Synapsen, Botenstoffe (Transmitter) überbrücken den Spalt, und die Gedanken fließen. Blockieren die Synapsen, entstehen die ärgerlichen Gedächtnislücken.

- Etwa zehn Millionen Sinnesreize stürmen jede Sekunde auf uns ein. Was interessiert, wird registriert. Und das sind nur jene zwei Dutzend Informationen pro Sekunde, die unsere Aufmerksamkeit verdienen. Der Rest wird sofort wieder vergessen oder im Unterbewusstsein gespeichert.
- Geistesblitze verdienen diesen Namen eigentlich nicht. Sie sind mit bis zu 135 Meter pro Sekunde langsamer als der Schall.
- Pro Tag verliert der Mensch zwischen 1000 und 10000 Gehirnzellen. Wenn wir den Verlust von nur 10 Prozent unserer Gehirnzellen noch erleben wollten, müssten wir weit über 400 Jahre alt werden.

Dies ist nur ein kleiner Ausschnitt dessen, was wir über unseren Denkapparat wissen. Ironischerweise sind die Zahlen, mit denen wir unser Gehirn beschreiben, unvorstellbar. Jostein Gaarder spöttelte: «Wenn das Gehirn so einfach wäre, dass wir es verstehen könnten, wären wir zu dumm, um es zu begreifen.»[1] Es wäre in der Situation des Lügenbarons von Münchhausen, der sich am eigenen Zopf aus dem Sumpf gezogen haben will.

Immerhin können wir heute dank der funktionellen Computertomographie sogar beobachten, wo der Mensch in seinem Gehirn gerade denkt und fühlt, das heißt, welche Areale er dabei «einschaltet». Doch werden wir noch sehr lange nicht wissen, wie das Gehirn neue Lerninhalte in frühere Erfahrungen einbaut. Es ist auch nicht klar, wie man dies mit den heutigen Mitteln überhaupt erforschen könnte. In dieser Hinsicht sind die Gehirnforscher noch auf dem Stand von Jägern und Sammlern.

Andererseits haben uns die besten Denker und Lehrer im Verlauf der Jahrtausende einen großen Schatz an Erfahrungen hinterlassen, die heute eine nach der anderen von der Psychologie, der Lernbiologie und der Gehirnforschung bestätigt werden.

1 *Jostein Gaarder lehrt Philosophie und Theologie. Er wurde durch sein Buch* Sophies Welt *weltbekannt.*

2. Gehirnforscher treffen Konfuzius & Co

Der lernende Mensch stand lange vor der Frage: «Wie transportiere ich die Lerninhalte rechtzeitig vom Ultrakurzzeitgedächtnis über das Kurzzeitgedächtnis weiter in das Langzeitgedächtnis?» Die Information – so stellte man sich den Transfer vor – strömt in den kleinsten Gedächtnisspeicher und muss, sobald dieser gefüllt ist, in den zweiten, größeren Speicher (Kurzzeitgedächtnis) fließen und sich von dort – wenn auch dieser voll ist – in den dritten großen Speicher (Langzeitgedächtnis) ergießen.

So praktisch und anschaulich das Modell auch ist, die drei zeitabhängigen Gedächtnisspeicher mit ihren drei verschiedenen Kapazitäten gibt es in unserem Kopf nicht.

Bei der Erstbegegnung mit den Lerninhalten werden bestimmte Bereiche in der Großhirnrinde aktiv, die man der Einfachheit halber als *Arbeitsgedächtnis* bezeichnet. Es ist «der Teil unseres geistigen Lebens, der mit Inhalten hantiert»[1]. Aber im Arbeitsgedächtnis bleiben neue Informationen noch sehr an der Oberfläche und würden dort schon bald wieder «verdunsten». Nur wenn man die Lerninhalte «neu ordnet, verknüpft, sie dreht, wendet, sie formt und dann etwas damit macht», so Spitzer, erreichen sie die kritische *Verarbeitungstiefe* und hinterlassen Spuren im Gedächtnis. «Je mehr, je öfter, je tiefer, desto besser für das Behalten.»

Nicht Wissen kräftigt, sondern Verstehen
nicht die Aufsammlung im Gedächtnis,
sondern das Verarbeiten im Verstande
nicht das Betrachten, sondern das Suchen
nicht das Glauben, sondern das Prüfen
nicht das Lernen, sondern das Üben
nicht das Fertige, sondern das Zubereiten
nicht das Vorkauen, sondern das Zergliedern
nicht das Nehmen, sondern das Machen.

ADOLPH DIESTERWEG, 1835

1 *Spitzer, M. (2000),* Lernen, Gehirnforschung und die Schule des Lebens. *Spektrum, Heidelberg, S. 3 f.*

Adolph Diesterweg hätte sich vor etwa 170 Jahren über die Bestätigung jahrtausendealter Pädagogik durch die moderne Gehirnforschung sicher gefreut.

Das «Vorkauen» durch Lehrer, das Abschreiben von der Tafel oder aus dem Buch und das passive Schlucken («Nehmen») durch den Schüler sind die Ursachen der volkswirtschaftlichen Verschwendung von Ressourcen in Schulstuben und Hörsälen, die ihre Fortsetzung in den häuslichen Arbeitszimmern findet.

Lernen ist nach Spitzer «mit Inhalten hantieren, sie neu ordnen, verknüpfen, formen, etwas damit machen» – oder mit Diesterweg «Machen, Verarbeiten, Zubereiten, Zergliedern». Immer schon war Lernen ein «Tun». Einer, den die Jesuiten Konfuzius nannten, hatte es so gesagt: «Was ich höre, vergesse ich. Was ich sehe, daran erinnere ich mich. Was ich *tue*, das verstehe ich.»

Das Machen und Tun findet nicht in einem Speicher des Gehirns statt, sondern in verschiedenen Arealen gleichzeitig, je mehr Bereiche sich daran beteiligen, desto tiefer werden die Spuren, die das Lernen in unserem Gedächtnis hinterlässt.

LERNgesetz[1]:
Nachhaltig lernst du nur,was du be- und verarbeitest.

3. Behalten durch «Verarbeiten im Verstande»

Jeder klagt über sein Gedächtnis
und niemand über seinen Verstand.

LA ROCHEFOUCAULD

«Was *tue* ich mit dem Lernstoff, wie *be-* und *verarbeite* ich ihn, damit ich ihn behalte?», werden Sie fragen. Es geht so ähnlich, wie der Mensch immer schon Wissenschaft betrieben und Wissen geschaffen hat. Wir betrachten die Welt und versuchen Gesetzmäßigkeiten und Beziehungen zu erkennen, zum Beispiel durch:

1 Siehe die Liste der behandelten Lerngesetze Seite 201.

Teilen	Sinnvolle Einheiten bilden
Ordnen	Gleiches Gleichem zuordnen
Hierarchisieren	Gruppen und Untergruppen, Ober- und Unterbegriffe finden
Assoziieren	Neues mit altem Wissen verknüpfen und vergleichen
Schematisieren	Muster finden
Individualisieren	Eigene Regeln, Eselsbrücken, Querverbindungen, Systeme finden
Verbinden, Vergleichen	Verschiedene Quellen zusammenführen und vergleichen

Die Methoden überlappen sich zum Teil, wie in den folgenden Beispielen. Auch ist die Liste keineswegs vollständig. Je nach Fachgebiet werden Sie weitere, vielleicht ganz persönliche Methoden finden. Denn es ist nicht wichtig, eine bestimmte Form des Be- und Verarbeitens zu imitieren («nicht das Fertige übernehmen»), sondern Lerninhalte persönlich zu be- und verarbeiten («das Fertige zubereiten»).

Sich zu erinnern heißt, einen dem Gedächtnis anvertrauten Sachverhalt zu bewahren – Wissen dagegen bedeutet, alles sich zu Eigen zu machen, nicht von einem Vorbild abhängig zu sein und sich nicht ständig nach dem Lehrer umzusehen.

SENECA, Briefe an Lucilius 33,8

Lernstoff teilen

Schon mit ganz einfachen Techniken des Aufteilens lernen wir gehirnfreundlich und erhöhen den Behaltenseffekt.

1. **Lernhappen bilden:**

Eine Portion von 35 Vokabeln auf einen Sitz lernen zu wollen hieße, den Mund zu voll zu nehmen. Teilen Sie die Wortschatzliste mittels eines Bleistiftstrichs in Lernhappen von sieben bis neun Elementen ein. Das Arbeitsgedächtnis ist wie eine Pinnwand, auf der ungefähr sieben Merkzettel Platz haben. Wollen Sie mehr anpinnen, müssen alte Zettel dafür verschwinden. Bevor wir uns also die nächste Siebenergruppe vornehmen, sichern wir das Gelernte durch eine Blitzwiederholung.

2. Randelemente vervielfachen:
Versuche haben gezeigt, dass wir uns das jeweils erste und letzte Element einer Reihe besser merken als die Zwischenelemente.

Randelemente erfahren durch ihre hervorgehobene Stellung offenbar größere Aufmerksamkeit. Lernen Sie 35 Ausdrücke am Stück, haben Sie nur zwei Randelemente. Teilen Sie die 35 Wörter dagegen in fünf Gruppen mit je sieben Ausdrücken auf, so ergeben sich zehn Randelemente, die durch diese einfache Lerntechnik leichter lernbar sind. Diesen Lernvorteil – etwa 30 Prozent – sollten Sie nicht verschenken.

Warum nicht gleich Gruppen von drei oder vier Elementen bilden? Wir würden dadurch zwar mehr Randelemente gewinnen, aber sie würden durch ihre Vermehrung die Sonderstellung einbüßen.

Ordnen und gruppieren

Nehmen wir ein weiteres Beispiel aus dem Sprachenlernen, weil dies uns allen mehr oder weniger vertraut ist.

air	airport	airways	boat
captain	cruise	driver	flight
gate	harbour	journey	line
pilot	platform	quay	railway
sea port	station	train	voyage

Versuchen Sie einmal diese Wortliste zu lernen. Sie ist zwar alphabetisch geordnet, aber nicht mit Verstand so «zubereitet», dass wir sie lernen können. Ordnen wir sie dagegen in Gruppen, werden Sie durch Vergleichen auch die Ihnen unbekannten Wörter verstehen.

Transport and Travel

by air	**by boat**	**by train**
airways	line	railway
airport	sea port/harbour	station
gate	quay	platform
pilot	captain	driver
flight	cruise/voyage	journey

Jedenfalls ist meine Tabelle eine gehirnfreundliche Zubereitung, die sich besser behalten lässt als die alphabetische Reihenfolge.

Es ist leicht, das System sowohl zeilenweise als auch spaltenweise zu lernen. Wissen Sie ein Wort in einer Zeile, können Sie die Bedeutung der anderen Wörter erschließen. Senkrecht haben Sie jeweils ein kleines Wortfeld (Luftfahrt, Seefahrt ...). Sie erkennen nun gewiss auch den feinen Unterschied zwischen *journey* und *voyage*.

Neu hinzukommender Wortschatz (*road, motorway, chauffeur, astronaut, spacecraft, launch(ing) pad*) würde auf das Vorwissen und die Schubfächer stoßen, an die er sich angliedern könnte.

Nehmen wir ein anderes Beispiel. Dies sind die zehn Gründerstaaten des Europarates in alphabetischer Reihenfolge:

1. Belgien	2. Dänemark
3. Frankreich	4. Großbritannien
5. Luxemburg	6. Irland
7. Italien	8. Niederlande
9. Norwegen	10. Schweden

Bevor man versucht, sich die zehn Gründerstaaten des Europarates in alphabetischer Reihenfolge einzuprägen, schaut man zuerst, ob sich nicht ein gehirnfreundliches Ordnungsprinzip finden lässt.[1]

- ❍ **Gruppe A:** die Benelux-Länder, also Belgien, Niederlande und Luxemburg.
- ❍ **Gruppe B:** die drei skandinavischen Länder Dänemark, Norwegen und Schweden.
- ❍ **Gruppe C:** die drei europäischen Siegerländer Frankreich, Italien, Großbritannien mit Irland.

Wir haben es daher nicht mehr mit zehn Wörtern zu tun, sondern mit drei sinnvollen Blöcken. Beide Beispiele überlappen sich mit der nächsten Technik, dem Hierarchisieren bzw. der Bildung von Ober- und Unterbegriffen.

1 Nach Werner Stangl, seine Arbeitsblätter im Internet sind eine ausgezeichnete Adresse für alle Fragen, die mit dem Lernen zu tun haben.

Hierarchisieren

Konfuzius sprach: «*Wer mir nicht die restlichen drei Ecken zeigt, wenn ich eine Ecke aufgezeigt habe, den unterweise ich nicht weiter.*» Nun, so streng sind wir heute nicht mehr, aber versuchen Sie einmal, die restlichen drei «Ecken» in folgendem Schema zu finden. Wenn es Ihnen gelingt, dann wissen Sie auch, was *dairy products* sind (meinen Vorschlag finden Sie auf Seite 121).

Durch Denken in Ober- und Unterbegriffen hat der Mensch die Welt mit einem Begriffsnetz überzogen, das sie vereinfacht und beschreibbar macht.

Solche hierarchischen Systeme sind guter Gedächtniskitt, aber nur wenn es Ihnen, um mit Diesterweg zu sprechen, niemand «vorkaut», wenn Sie es also nicht «nehmen», sondern selber «machen». Es kommt dabei weniger auf *die* Logik als auf *Ihre* Logik an.

Assoziieren und gruppieren

Wie effektiv Assoziationen sein können, soll folgendes Beispiel zeigen. Lesen Sie diese Zahlenreihe dreimal durch. Testen Sie anschließend Ihr Gedächtnis.

2 - 4 - 1 - 2 - 1 - 9 - 8 - 7 - 3 - 1 - 1 - 2 - 1 - 9 - 9 - 0

Fast unmöglich, nicht wahr? Bei mehr als 7 plus/minus 2 Einheiten, die noch dazu sinnlos sind, ist unser Arbeitsspeicher überfordert. Wenn Sie aber bemerken, dass es sich um Weihnachten 87 (24. 12. 1987) und um *Silvester 90* (31.12. 1990) handelt, ist es ein Kinderspiel, die Zahlenreihe zu behalten.

1. Mit Weihnachten und Sylvester verbinden Sie intensive Assoziationen.
2. Sie haben die 16 sinnlosen Zahlen zu zwei sinnvollen Einheiten zusammengefasst.

Nichts kann unser Gehirn besser, als ganz persönliche Muster oder Strukturen zu erzeugen und wieder zu erkennen. Und wenn in einem solchen Muster eine Lücke ist, hat es das Bedürfnis, sie zu schließen. Darauf beruhen viele Spiele wie Quartett, Puzzle oder Kreuzworträtsel.

Nichts vergessen wir so schnell wie Lerninhalte, die für uns keinen sinnvollen Zusammenhang ergeben oder Strukturen, die uns ein fremdes Gehirn aufzwingt. Deshalb sind auch nur die selbst gebauten Eselsbrücken die besten.

Schematisieren

Vieles von dem, was wir lernen, hat den Charakter eines Prozesses, an dem viele Faktoren beteiligt sind. Wir lesen einen Artikel über Umweltverschmutzung und die Auswirkung auf den Menschen. Das Ergebnis des Be- und Verarbeitens passt auf eine Lernkarte[1].

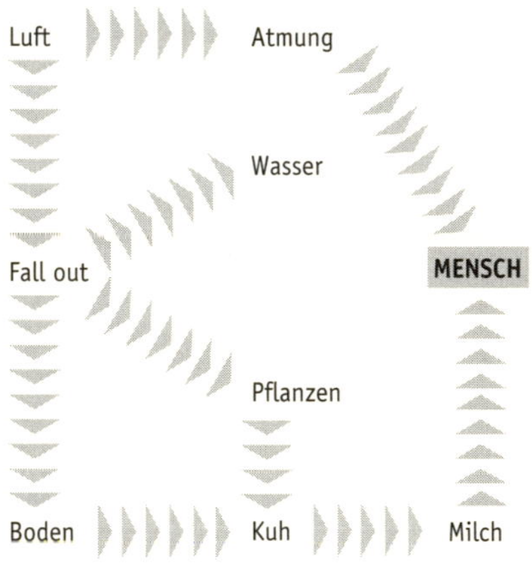

1 *Nach Hierhold, E. (1990),* Sicher präsentieren, wirksamer vortragen. *Ueberreuter, Wien, S. 143*

Individualisieren

Da Lernprozesse bei jedem von uns anders verlaufen, ist nur das wirklich gehirngerecht, was wir selber aufbereiten, umgestalten und verändern. Der Lerneffekt vervielfacht sich, wenn wir den Stoff in Beziehung zu unserer eigenen Person, unseren Interessen und unserer Umgebung bringen, sodass er uns existenziell berührt. Nehmen wir wieder ein Beispiel aus dem Sprachenlernen. Die folgenden Vorschläge kann jeder seiner Lebenssituation anpassen. Gestalten Sie so Ihre ganz persönliche Lernkartei[1].

That's me

May I introduce myself?	I am Paula Richter
I was born in	Berlin
After school I studied	architecture in Italy
I took my final exams	in June 1985
I live in	Heidelberg
It's a town of	120000 inhabitants
It's near	Mannheim
Our town is known for	its castle
My telephone number is	67 07 09

Jedes Thema kommt auf eine Lernkarte. Sie werden feststellen, dass sich dieser Wortschatz besser einprägt als jeder andere, denn für niemanden interessieren wir uns so sehr wie für uns selbst. Mit solchen Karten ist das Lernen durch Abdecken sinnvoll. Beim Wiederholen halten Sie die linke Spalte zu und rufen den Wortschatz der rechten ab. Neben dem Lebenslauf gehören die Wortfelder Wohnort und Beruf zu dem «Ich-Wortschatz», den Sie bei Kontakten mit Ausländern benötigen.

Eine Arbeitsplatzbeschreibung wie die folgende wird Ihnen bei Gesprächen mit Geschäftspartnern gute Dienste leisten. Bei der Erstbegegnung mit einem Geschäftsfreund oder einem Austauschpartner werden wir zuerst über uns sprechen, uns vorstellen und später, bei näherer Bekanntschaft, weitere persönliche Daten austauschen.

1 *Kleinschroth, R. (2003),* Sprachen lernen. Rowohlt, *Reinbek, S. 99*

Qui suis-je?

Permettez que je me présente,	je suis Hans Katz
Je suis né à	Munich
Après l'école j'ai fait des études de	journalisme
J'habite à	Pforzheim
C'est une ville près de	Karlsruhe
Notre ville est célèbre pour ses	bijoutiers
Je travaille pour	un laboratoire
Je suis responsable pour	la recherche

So sammeln Sie einen Wortschatz, der Ihnen Sicherheit in Standardsituationen gibt. Sie lernen den «Ich-Wortschatz», der einen großen Teil des gesamten Wortschatzes ausmachen kann, besser, weil

1. er in sinnvollen Zusammenhängen und Schemata steht,
2. er Anknüpfungspunkte in unserem Gedächtnis vorfindet,
3. er uns interessiert und existenziell berührt,
4. wir ihn selber wählen, sammeln, ordnen und gruppieren,
5. wir zielorientiert arbeiten und Sprechsituationen vorbereiten.

Es gibt kaum ein Wissensgebiet, das Sie nicht «individualisieren» können. Wo begegnen Ihnen persönlich – zu Hause oder in der Freizeit – die Phänomene der Oberflächenspannung, der Wellenlänge, der Aggregatzustände, die Gesetze der Optik, der Akustik, der Mechanik ...? Das ist Lernen in seiner effektivsten Form.

4. Flaches Lernen und tiefes Lernen – eine Übersicht

Vergessen oder Behalten – darüber entscheidet die Einstellung, mit der wir an den Lernstoff herangehen, ob wir ihn flach oder tief verarbeiten. Flaches Lernen bleibt an der Oberfläche und wird schnell vergessen.

So lernen Sie garantiert zu flach

- Anschauen, Zuschauen, Betrachten
- Durchlesen
- Abschreiben
- Glauben und nachplappern
- Mitschreiben
- Sammeln von Fakten
- Auswendiglernen
- Fertiges unkritisch übernehmen
- Wiederkäuen
- Sich Lösungen vorkauen lassen
- Wiederholungen nach gleich bleibender Methode

Schmunzelpause

Ein Langzeitstudent sandte seinem Vater diese E-Mail:
«Lieber Papa, wo bleibt das Geld?»
«Hier!», war die prompte Antwort.

Vertiefendes Lernen garantiert Verfügbarkeit des Stoffs

1. Texte mit Papier und Bleistift erarbeiten	
Wichtiges festhalten	markieren, notieren, exzerpieren, kürzen
Aufbau erkennen	Überschriften finden, Gliederung herausarbeiten
Be- und Verarbeiten	Zusammenfassen, Mind-Maps erstellen, Lernkarten schreiben

2. Den Stoff gedanklich verarbeiten	
Individualisieren	den Bezug zu sich selber herstellen
Nachvollziehen	Fragen stellen und beantworten, Erklärungen suchen und verstehen
Prüfen	in Frage stellen, vergleichen, Gegenargumente finden, beurteilen
Suchen	Analogien, Beispiele, Modelle entwerfen
Wiederholen	aus dem Kopf, statt nochmals lesen

3. Lernstoff organisieren	
Ordnen	kategorisieren
Hierarchisieren	schematisieren
Assoziieren	verbinden, vergleichen

4. Gelerntes üben, wiederholen und verankern	
Sprechen	jemandem berichten, erzählen
Testen	sich abfragen lassen
Spielen	Prüfungen mit Lernpartnern simulieren
Tun	ein Praktikum machen

Die Techniken des vertiefenden Lernens werden uns auch in der Phase des Wiederholens (siehe S. 138ff.) zum Teil wieder begegnen.

Mögliche Lösungen von Seite 116

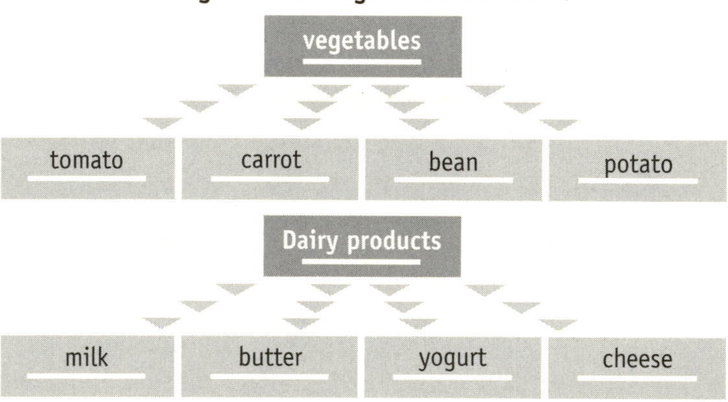

Aerobic fürs Gehirn (10)

Wie wird man kreativ? Manchmal hilft der Zufall, öfters der Ärger über die Tücke des Objekts, und sehr oft ist es die Not, die erfinderisch macht. Will man auf diese drei Helfer des Fortschritts nicht warten, geht man zunächst bei den Vorbildern in die Schule.

A. Am Anfang war der Hocker

1. Viele Verbesserungen haben vom Hocker zu den modernen Sitzmöbeln des 21. Jahrhunderts geführt. Zählen Sie mindestens fünf Innovationen auf.
2. Nennen Sie mindestens sechs Sitzgelegenheiten, die ganz spezifischen Anforderungen genügen.
3. Zähneputzen lernt man als Kind. Wie und warum hat man den Schaft der Zahnbürste für Kinder verändert?
4. Was hat man sich nach und nach für den Einkaufswagen der Supermärkte einfallen lassen?

B. Auf dem Weg zum Gedächtniskünstler (III)

Erinnern Sie sich?
Taube, **Nonne** und **Maus** sitzen in **Nische** vom **Dom** = __.__.__.__.__

21 = Note	**22** = Nonne	**23** = Name	**24** = Niere	**25** = Nil
26 = Nische	**27** = oNKo	**27** = Neffe	**29** = Noppe	**30** = MauS

Warum ist 23 = **Name**? Weil **N** (2 Striche) und **m** (3 Striche) für 2 und 3 stehen.

31 = Made	**32** = Mohn	**33** = Mumie	**34** = Meer	**35** = Maul
36 = Masche	**37** = Mücke	**38** = Muffe	**39** = Mappe	**40** = RoSe

Der **Neffe** der **Nonne** wirft **Rose** ins **Meer** = __.__.__.__
Maus frisst **Teer** mit **Mohn** aus der **Dose** = __.__.__.__
So merken Sie sich Ihre Konto-, Telefon- und Pin-Nummern. Weiter geht es auf Seite 137.

11. Mehrkanalig lernen, mental trainieren

Im Volksmund hieß es immer schon, man müsse den Lernstoff «durchkauen». Vielleicht führt der Weg zum besseren Gedächtnis tatsächlich über die Kaumuskeln. Experten horchten auf, als Andrew Scholey von der University of Northumbria auf dem Jahrestreffen der British Psychological Society (2002) verkündete, Kaugummikauen habe das Arbeits- und Langzeitgedächtnis seiner Versuchspersonen um bis zu 35 Prozent verbessert. Versuche mit Mäusen und Ratten stehen allerdings noch aus.

Was meinen Sie?

Eher falsch (F) oder eher richtig (R)?	F	R
Die Pharmakonzerne arbeiten an der Gedächtnispille.		
Wie gut Sie lernen, hängt von Ihrem Lerntyp ab.		
Menschen können auch ohne die rechte Gehirnhälfte lernen.		
Wer beim Lernen ganz *cool* bleibt, lernt schlechter.		

Zeit zum Schmunzeln

Professor: *Ein Weiser ist sich nie ganz sicher. Nur Narren sind sich in allen Dingen sicher.*

Studentin: *Sind Sie sich da ganz sicher, Herr Professor?*

1. Sind Sie der richtige Lerntyp?

Die Aufnahme geistiger Nahrung erfolgt über unsere Sinne. Wir nehmen sie zu etwa 90 Prozent über das Auge auf. Man könnte daraus folgern, die anderen Eingangskanäle zu unserem Bewusstsein seien für das Lernen von untergeordneter Bedeutung. Doch kann man durch die Kombination zweier Kanäle – Hören und Sehen – den Lerneffekt fast verdoppeln. Noch wirkungsvoller lernen wir durch eigenes Tun, wenn wir zum Beispiel über ein Thema referieren oder es anderen erklären. Am besten aber lernen wir durch Anwenden des Gelernten in möglichst wirklichkeitsnahen Situationen.

Lernen durch	Behalten
Hören: Vortrag	ca. 20 %
Sehen: Bilder und Filme	ca. 30 %
Hören + Sehen: Vortrag und Bilder	ca. 50 %
Gemeinsames Lernen und eigenes Handeln	ca. 70 %
Mitentscheiden über die Inhalte	ca. 85 %

Diese Zahlen finden sich so oder ähnlich in den meisten Ratgebern. Ob Sie aber in einem Workshop durch Hören + Sehen + Tun etwa 70 Prozent und mehr behalten, hängt allerdings davon ab, wie weit Sie sich von den Einflüssen der Teilnehmer und den Lehrern abhängig machen.

Die Selbststeuerung des Lernprozesses, das heißt, die Fähigkeit, sein Lernen in die eigenen Hände zu nehmen, das Mitentscheiden über die Inhalte, spielt für das langfristige Behalten eine große Rolle[1]. Selbstgesteuertes Lernen ist deshalb ein wichtiger Faktor der Lernintelligenz (siehe S. 17ff.).

Man teilt die Menschen traditionsgemäß in verschiedene Lerntypen ein, je nachdem welche Sinneskanäle sie beim Lernen bewusst oder unbewusst bevorzugen.

- Hören Sie lieber zu, sprechen Sie beim Lesen oder Lernen leise mit oder führen Sie beim Nachdenken innere Dialoge, dann sind Sie ein **auditiver** Lerntyp.

1 *Niggemann, W. (1979),* Praxis der Erwachsenenbildung. *Herder, Freiburg*

- ❍ Wenn Sie vor allem gerne mit den Augen, mit Arbeitsblättern, Grafiken, Schaubildern und Übersichten lernen, sind Sie eher ein **visueller** Lerntyp.
- ❍ Sind Sie ein Bastler und Tüftler, gehen Sie gleich ans Probieren, bevor Sie die Gebrauchsanweisung lesen, so sind Sie vielleicht ein **kinästhetischer** Lerntyp.

Es kann nicht schaden, sich seiner Lerngewohnheiten bewusst zu werden. Sind Sie etwa ein auditiver Lerntyp? Nach der Tabelle (S. 124) wären Sie gegenüber dem visuellen Lerntyp im Nachteil. Wären Sie zudem noch auf ein Hörgerät angewiesen, dann hätte das Schicksal Ihre Karten schlecht gemischt. Aber kein Grund zur Beunruhigung! Den Lerntyp in Reinkultur gibt es nicht.

Untersuchungen zeigen, dass es nur eine geringe Zahl von Lernenden gibt, die dem auditiven Lerntyp zuzuordnen sind. Die meisten Menschen sind audio-visuelle Wahrnehmungstypen mit Schwerpunkt auf visuell.

Und auch dies ist mit einem Fragezeichen zu versehen. Frederic Vester[1] musste überrascht feststellen, dass «es in einer Vorlesung mit 100 Studenten oder in einer Klasse mit 30 Schülern beinahe ebenso viele Lerntypen gibt. Zwar waren die einzelnen Eingangskanäle tatsächlich, wie vermutet, unterschiedlich ausgebildet und somit auch zum Lernen unterschiedlich geeignet. Doch diese mehr an der Oberfläche liegenden Unterschiede stehen mit so vielen Faktoren in Wechselwirkung, die sowohl vom Lernstoff, der Umgebung, von den individuellen Assoziationen, Gefühlen und Gewohnheiten ausgehen, dass es für einen Lehrer oder Schulbuchautor unmöglich wäre, auf jeden Lerntyp einzugehen».

Wenn Sie die Vorschläge zum mehrkanaligen Lernen überzeugen, dann können Sie Ihren Lerntyp, Ihre Brille oder Ihr Hörgerät vergessen. Es kommt auf das innere Sehen und Hören an.

1 *Vester, F. (1978),* Denken, Lernen, Vergessen. *dtv, München*

2. Von «Links-Hirn-Lernern und Rechts-Hirn-Lernern»

Wenn Sie mit nur einer Gehirnhälfte leben müssten, dann sollte es wenigstens die linke sein. HOWARD GARDNER

Die Diskussion über Lernen und Gedächtnis wurde in den letzten 30 Jahren von dem Modell der beiden Gehirnhälften und deren Spezialisierung beherrscht. Bis vor wenigen Jahren leiteten Autoren einen Großteil ihrer Ratschläge von dem Modell der beiden Gehirnhälften ab[1]. In den USA wurde sogar getrenntes Unterrichtsmaterial für die «Links-» und die «Rechts-Gehirne» unter den Schülern entwickelt.

Ein Körnchen Wahrheit steckt schon in der Theorie. Wie unser Körper, so ist auch unser Gehirn weitgehend symmetrisch gebaut. Schon im späten 19. Jahrhundert vermutete man, dass die linke Gehirnhälfte mehr logisch, abstrakt und analytisch denkt, die rechte eher bildhaft, gefühlsbetont und schöpferisch. Die beiden Gehirnhälften tauschen Informationen über ein dickes Bündel von Nervensträngen, den Balken (Corpus Callosum, bestehend aus etwa 200 Millionen Nervenfasern), aus.

Die rechte Hemisphäre ist spezialisiert auf:	Die linke Hemisphäre ist spezialisiert auf:
Deuten und Verstehen (Tonfall, Mimik, Gestik)	Sprechen, Schreiben, Lesen
ganzheitliches Arbeiten	analytisches Arbeiten
gefühlsmäßiges Denken	logisches Denken
bildhaftes Denken	abstraktes Denken
räumliches Nebeneinander	zeitliches Nacheinander
Formen, Bilder	Details, Zahlen, Fakten
Intuition, Kreativität	Regeln und Anweisungen

In den frühen sechziger Jahren des letzten Jahrhunderts versuchten die Chirurgen Philipp Vogel und Joseph Bogen, Epileptiker zu heilen, indem sie ihnen das Corpus Callosum durchtrennten. Sie hofften, das Übergreifen epileptischer Anfälle von einer Seite auf die andere zu ver-

1 *Chevalier, B.,* Effektiver lernen, *baut ihr lesenswertes Buch auf diesem Modell auf.*

hindern. Dies ermöglichte dem Physiologen Roger Sperry, die Funktionen der Gehirnhälften seiner Patienten unabhängig voneinander zu studieren. Sperrys Untersuchungen traten eine Lawine von fast 50000 Veröffentlichungen los. Man versuchte, die Schulbänke des westlichen Kulturkreises von der überentwickelten linken, logisch-abstrakten Seite nach der verkümmerten kreativ-intuitiven Seite zu rücken.

Heute findet man im Titel der Veröffentlichungen über die Hemisphären des Gehirns häufig das Wort «Mythos». Gehirnspezialisten wie Michael Corballis[1] sind nicht mehr der Ansicht, die rechte Gehirnhälfte sei wesentlich kreativer als die linke. Er rät Erziehern und Therapeuten, das Hemisphärenmodell, diesen «praktischen Aufhänger für Vorurteile», zu vergessen und sich wieder auf die Fertigkeiten und Techniken des Lernbetriebs zu besinnen. Und Robert Ornstein[2] spöttelt, die Ideologie von Rechts- und Linkshirn habe sich inzwischen in jeder Ecke unserer Kultur eingenistet, in den Biographien großer Künstler, in den Ateliers der Fotografen, in den Autowerkstätten und selbst in der Küche.

Manfred Spitzer zitiert den Fall eines siebenjährigen Mädchens, dem die linke Gehirnhälfte operativ entfernt werden musste. Dem Kind fehlt also die sprachdominante Großhirnhälfte. Mit sieben Jahren war das Mädchen zur Überraschung aller weder halbseitig gelähmt noch sprachbehindert. Im Gegenteil, sie beherrscht zwei Sprachen fließend. Dies zeigt, wie flexibel und anpassungsfähig unser Gehirn ist. «Wenn unsere Gene auf die Wirklichkeit stoßen», so Michael Gazzaniga[3], ein Schüler des Pioniers Roger Sperry, «ist das Ergebnis nicht vorhersehbar.» Unsere Gehirne seien viel zu verschieden, als dass sie sich über einen Leisten schlagen ließen.

Wenn Sie befürchten, Ihr Gehirn habe eine linke oder eine rechte Schlagseite, dann hat dies viel mit Erziehung, Ihren Lehrern und den Lehrplänen zu tun, die Ihre Lerngewohnheiten geformt haben. Gewohnheiten kann man ändern und verbessern. Wer so lernt, wie ich es in diesem Kapitel vorschlage, lernt mit dem ganzen Kopf und hält die Gehirnregionen links und rechts ganz ohne Kaugummi auf Trab.

1 *Corballis, M. (1996),* The Lopsided Ape. Evolution of the Generative Mind. *Oxford University Press, London*

2 *Ornstein, R. (1997),* The Right Mind. Making Sense of the Hemispheres. *Harcourt & Brace, New York*

3 *Gazzaniga, M. (1998),* «The Split Brain Revisited», *Scientific American, S. 35*

3. Lernen mit allen Sinnen

Das Modell von den beiden Gehirnhälften gab Anlass, den Lehr- und Lernbetrieb zu überdenken. Es erinnerte daran, dass viele Menschen nur einen Teil ihrer fünf Sinne einsetzen. Was ist nun unter ‹Lernen mit allen Sinnen› zu verstehen?

Angenommen Sie suchen ein Geschenk für das zwei Jahre alte Baby einer Bekannten. Sie gehen in ein Spielwarengeschäft, wählen eine Gummiquietschpuppe aus, lesen die Packungsaufschrift und zahlen. Ihr Kauferlebnis hat vermutlich lediglich das Auge und die Gehirnregion für Buchstaben und Zahlen aktiviert. Sie werden das Ereignis bald wieder vergessen haben.

Was macht das Baby mit der Puppe? Es greift sie, schaut sie intensiv an, betastet sie mit den Fingern, schüttelt sie, hält sie an Mund und Nase, lutscht daran und ist aufgeregt, wenn es der Puppe ein Quietschen entlockt. Es entdeckt die Puppe mit allen Sinnen: dem Auge, dem Ohr, der Nase, der Zunge, der Hand, der Haut und dem «sechsten Sinn», dem Gefühl der Freude und Erregung.

Das Baby hat die Quietschpuppe ganzheitlich, *«mehrkanalig gelernt»* und mehrere Spuren in seinem Langzeitgedächtnis angelegt. Die vielen Sinneseindrücke (Farbe, Form, Geruch, Ton, Materialbeschaffenheit) aktivieren ganz verschiedene, über beide Hemisphären verteilte Bereiche. Sie werden dort gespeichert und miteinander vernetzt. Erinnert es sich nach Jahren an die Gummipuppe, geht ein Lauffeuer durch die Nervenbahnen, und die getrennt gespeicherten Daten fügen sich zu einem Erinnerungsbild zusammen. So lernt man «mit Kopf, Herz und Hand».[1]

Schmunzelpause

Das Schwierigste am Leben ist es, Herz und Kopf dazu zu bringen, zusammenzuarbeiten.
In meinem Fall verkehren sie noch nicht mal auf freundschaftlicher Basis. WOODY ALLEN

1 *Johann Heinrich Pestalozzi (1746–1827)*

Den meisten Menschen geht mit dem Erwachsenwerden das Zusammenspiel aller Sinne verloren. Für Kinder ist ein Stuhl noch «etwas, worauf man still sitzen muss». In der Schule, wo vorwiegend die sprachliche und die mathematisch-logische Intelligenz gefordert werden, lernt der Heranwachsende, dass der Stuhl ein Möbelstück ist, bestehend aus Beinen, Sitzfläche und Lehnen.

Durch die Fernsehserie des Biochemikers Frederic Vester[1] *Denken, Lernen, Vergessen* und sein gleichnamiges Buch ist *mehrkanaliges Lernen* zum Schlagwort geworden. Vester nannte den Verlust des Zusammenspiels aller Sinne beim Lernen einen «grauenhaften geistigen Verarmungsprozess». Er hatte wohl keinen guten Unterricht mit «Herz, Kopf und Hand» gesehen. Das mehrkanalige Lernen war übrigens keine Erfindung des 20. Jahrhunderts. Johann Amos Comenius (1592–1670) hat bereits vor über 300 Jahren die Kunst seiner großen Vorgänger in die goldene Regel des mehrkanaligen Lernens gefasst:

Es ist erforderlich,
alles in möglichst großem Umfang
den Sinnen vorzuführen;
nämlich das Sichtbare dem Gesicht,
das Hörbare dem Gehör,
das Riechbare dem Geruch,
das Schmeckbare dem Geschmack,
das Fühlbare dem Tastsinn,
und wenn sich etwas mit mehreren Sinnen
zugleich erfassen lässt,
soll es mehreren zugleich dargeboten werden.

Niemand befolgt diesen Ratschlag so eifrig wie die Werbestrategen.

Alles Gescheite ist schon gedacht worden,
man muss nur versuchen, es noch einmal zu denken.

JOHANN WOLFGANG VON GOETHE

1 *Vester, F. (1978), S. 102*

4. Mehrkanaliges Lernen geschieht in der Vorstellung

Lernstoff hat selten die Eigenschaften einer Gummiquietschpuppe, die wir mit allen Sinnen begreifen können. Um Missverständnissen vorzubeugen: Sie sollen in Ihrem Chemiebuch weder laut lesen noch während des Lesens den Text vom Tonband abspielen. Denk-, Sprech- und Lesegeschwindigkeit liegen viel zu weit auseinander. Doch auf unserer inneren Bühne können wir ein Lernpensum gedankenschnell mit allen Sinnen gleichzeitig inszenieren. Nehmen wir zuerst noch einmal ein plastisches Beispiel aus dem Bereich des Sprachenlernens:

***an open fire*: ein Kaminfeuer**

Auf dem Papier besitzt der Ausdruck allenfalls ein Schriftbild. In unserer Phantasie verleihe ich ihm einen persönlichen Erlebniswert, an dem alle meine Sinne beteiligt sind. Ich sehe das Sprühen der Funken des *open fire*, höre durch das Prasseln des Holzes deutlich die Worte an *open fire*, ich fühle einen Holzscheit in meinen Händen, werfe es in das *open fire*, sehe wie der leuchtende Schriftzug open fire aufflackert. Ich stelle mir die Wärme auf der Haut, den Duft des Buchenholzes vor und erinnere mich an die Stimmung, die ein open fire verbreiten kann. *The open fire* wird so für mich zu einem intensiven Erlebnis.

Ich habe dem Begriff ein hohes Maß an Lernenergie auf seinem Weg in das Gedächtnis mitgegeben. Die heraufbeschworenen Sinneseindrücke sind Assoziationen, die mit dem Ausdruck fest verschmelzen. Sie sind Abrufmechanismen, Ausgangspunkte der Gedankenpfade zu dem gelernten Ausdruck. Wenn mir das englische Wort für *open fire* nicht gleich einfällt, bekomme ich sicher erst eine, dann alle anderen Assoziationen zu fassen, und schließlich stellt sich auch das gesuchte Wort mit dem Schriftbild ein. Je plastischer die Bilder, je vielfältiger die Eindrücke, die der Wortschatz hinterlässt, desto leichter wird er erinnerbar.

Mit einiger Übung hat man den Ausdruck auf diese Weise sekundenschnell tief im Gedächtnis verankert. Viel mehr als Sekunden muss es nicht dauern, weil sich bei stillem Lernen die verschiedenen Sinneseindrücke mit der Schnelligkeit des Gedankens gleichzeitig einstellen.

1. Lernen auf der inneren Bühne

Veranschaulichen wir die Technik am Beispiel von längeren Texten. Es geht nicht um das Auswendiglernen, sondern um das «Inwendiglernen».

1. Da man nur lernt, was man versteht, sollte man den Text mehrmals lesen und kurz in eigenen Worten zusammenfassen. Verstehen bedeutet, die Gliederung, die Sinnabschnitte zu erkennen. Bei langen Gedichten sind das meist die Strophen, beim Drama die Auftritte, bei Präsentationen oder Experimenten die Handlungskette, bei Reden und Vorträgen die Gedankenketten.
2. Nehmen wir als einfaches Beispiel Schillers «Bürgschaft». Sie schlüpfen in die Rollen der Personen. Sie sind abwechselnd der Erzähler, der Tyrann und der Attentäter Damon. Sie schleichen auf leisen Sohlen zu Dionys. Sie sehen ihn, Sie fühlen den Dolch im Gewande.

   Stellen Sie sich die Entstehung von Schillers Glocke als Abfolge von lebhaften Bildern vor, spüren Sie die Hitze des Feuers, den Schweiß auf der Stirn, führen Sie die Handbewegungen der Glockengießer aus. Lassen Sie die Szenen vor Ihrem geistigen Auge auf Ihrer inneren Bühne entstehen.

Übrigens, das Auswendiglernen hält Sie geistig jung. Es ist Aerobic fürs Gehirn.

2. Sicher vortragen durch mentales Training

Natürlich fällt uns bei Texten, die reich an bildhaften Assoziationen sind, die Regie im Kopf besonders leicht. Aber Sie wollen auch Reden, Vorträge, Präsentationen, Experimente sicher beherrschen, Situationen also, in denen Sie Gelerntes anwenden.

Das mentale Training ist eine Kombination aus mehrkanaligem Lernen und autogenem Training, die Wiederentdeckung einer Technik, die sicher schon die Sieger der ersten Olympischen Spiele kannten. Der Westen wurde nach dem Schock der Erfolge der Athleten des Ostblocks (insbesondere der ehemaligen DDR) und später der österreichischen Skispringer darauf aufmerksam.

Seitdem trainieren Leistungssportler nicht mehr nur mit den Armen und Beinen, sondern auch mit dem Kopf. Sie zergliedern die angestrebten Bewegungsabläufe in kleinschrittige Elemente und versprachlichen sie zu griffigen Befehlen, die sie aufrufen, um die geforderten Muskelpartien zu aktivieren. Auch Muskeln haben ein Gedächtnis. Der Slalomläufer lernt die Strecke auswendig, durchfährt sie im Geiste, führt jede Bewegung, jede Gewichtsverlagerung in Gedanken aus, nimmt jedes Tor der Piste, fühlt und schluckt die Bodenunebenheiten mit den Oberschenkeln und sieht seinen Namen als Sieger auf der elektronischen Anzeigetafel.

Mentales Training ist längst nicht mehr auf den Leistungssport beschränkt. Ob Musiker, Schauspieler oder Examenskandidat, diese Form der Selbstprogrammierung ist eine gute Vorbereitung auf die Stunde der Wahrheit. Nehmen wir als Beispiel einen Vortrag oder eine Präsentation. Wie gehen Sie vor?

1. Nachdem Sie Ihren Text inhaltlich vorbereitet haben, machen Sie sich mit dem Ort der Handlung, den Hilfsmitteln (Projektor, Flipchart, Tafel) und, wenn möglich, mit der Zusammensetzung Ihres Publikums vertraut.
2. Zu Hause versetzen Sie sich – am besten mit geschlossenen oder halb offenen Augen – in Gedanken an den Ort zurück. Sie sehen sich am Rednerpult vor dem Publikum stehen, fühlen den Boden, auf dem Sie fest mit beiden Beinen stehen. Sie sehen die Zuhörer, hören die Geräuschkulisse und blicken langsam in die Runde, fassen einzelne Gruppen fest ins Auge, bis Stille einkehrt. Fühlen Sie, wie Ihre Hände locker in Gürtelhöhe aufeinander liegen.
3. Sie hören, wie Sie das Publikum begrüßen. Sie lächeln und warten fünf Sekunden. Nun gehen Sie in Gedanken an das Flipchart oder den Projektor und erläutern langsam die Gliederung. Führen Sie die Handbewegungen dabei aus. Ihr Blick wandert beim Sprechen langsam in der Form eines großen W's durch den Raum und erfasst das ganze Publikum.
4. Auf der Bühne Ihrer Vorstellung beginnen Sie nun Ihren Vortrag. Hören Sie sich zu, beobachten Sie Ihre Körpersprache. Unterbrechen Sie ruhig, um die Handbewegungen des Betonens und der Aufmerksamkeitslenkung zu üben.
5. Während Sie sich weiter sprechen hören, stellen Sie sich einzelne Gesichter vor, solche, die zustimmend nicken oder zweifelnd den Kopf wiegen. Sie lassen sich auch durch Zwischenrufe oder Fragen

nicht aus dem Konzept bringen. Sie sehen sich souverän darauf reagieren.

6. Machen Sie nach einer längeren Pause einen zweiten Probelauf. Wechseln Sie die Perspektive. Setzen Sie sich ins Publikum und nehmen Sie die Rolle eines Teilnehmers ein. Schauen Sie sich zu, seien Sie Darsteller und Beobachter zugleich.
7. Haben Sie ein Vorbild? Kennen Sie einen guten Kommunikator, einen Bekannten, einen Schauspieler? Schlüpfen Sie in seine Rolle. Beobachten Sie auf der Bühne Ihrer Phantasie, wie Sie es als Profi machen.
8. Sie merken wahrscheinlich, dass Ihre Sätze zu lang sind und werden deshalb später die Satzlängen auf ca. 15 Wörter begrenzen.
9. Gehen Sie in Gedanken mögliche Situationen durch. Wie überspielen Sie Pannen, zum Beispiel, wenn Sie den Faden verlieren, Ihnen die Stichwortliste aus der Hand fällt? Natürlich führt nichts daran vorbei, dass Sie Ihren Vortrag auch laut vor dem Spiegel halten.

5. Lernen mit dem sechsten Sinn

Es ist eine jahrhundertealte Binsenweisheit: Alles, was wir mit dem sechsten Sinn, dem Gefühl, erfahren, prägt sich unserem Gedächtnis besonders stark ein: der erste Kuss, ein Erfolg, ein großes Lob. Negative Gefühle sind zweischneidig. Angst oder Hass können Erinnerungen sowohl einbrennen («gebranntes Kind scheut das Feuer») als auch verdrängen.

Mit den modernen bildgebenden Verfahren lokalisieren Gehirnforscher das Entstehen von Gefühlen. Erinnerungen und Gefühle werden zwar in verschiedenen Gehirnregionen gespeichert, aber sie formen sich gegenseitig. Allerdings hat die Wissenschaft gerade erst angefangen zu verstehen, wie Gefühle und Gedächtnis sich gegenseitig beeinflussen. In ihren klassischen Versuchen haben James McGaugh und Larry Cahill[1] gezeigt, wie sehr sich auch alltägliche Gefühle auf das Lernen und Behalten auswirken.

1 *McGaugh, J. L. (2003),* Memory and Emotion. The Making of Lasting Memories, *Columbia University Press, New York.*
Cahill, L., McGaugh, J. L. (1998), «Mechanisms of emotional arousal and lasting declarative memory». *Trends in Neurosciences 21, S. 294–299*

Drei Personengruppen wurde zuerst die Geschichte eines Unfalls vorgelesen. Die erste Gruppe erhielt einen sachlich nüchternen Text, der zweiten Gruppe reicherte man den Text mit leichter Dramatik und Gefühl an. Die dritte Gruppe erhielt ebenfalls den dramatische Text, man verabreichte diesen Versuchspersonen aber Medikamente, die das Gefühlserleben dämpften. Anschließend stellte man allen eine Reihe klinischer Behandlungsverfahren vor.

Nach einer Woche wurden alle Gruppen nicht zu der Geschichte, sondern nur zu den Behandlungsmaßnahmen befragt. Gruppe 2 schnitt erheblich besser ab.

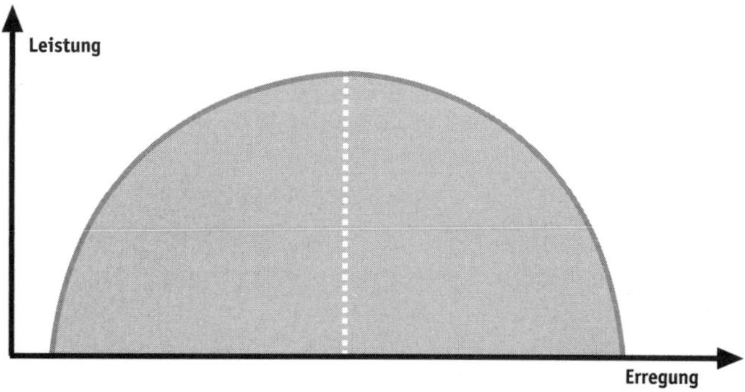

Ergebnis: Lerninhalte, die mit gefühlsbetonten Informationen verbunden werden, prägen sich dem Gehirn besser ein. Amerikanische Psychologen bestätigten, dass Versuchspersonen, die sich bewusst «cool» gaben, sich schlechter an Erlebtes erinnern konnten. Keine Gefühle zu zeigen scheint auf Kosten der Gedächtnisleistung zu gehen. Es kommt auf den Grad des Erregungszustands an. Ist er schwach, hat er keine Wirkung; zu starke Erregung kann das Gedächtnis löschen. Man kann dies anhand einer umgekehrten U-Kurve darstellen.

Schmunzelpause

Fragt die Lehrerin in der 5. Klasse:
«Welche Zahlen von 1 bis 10 kann man durch 2 teilen?»
«Alle», antwortet die Tochter eines Mathematiklehrers.

Welche Konsequenzen ergeben sich daraus für das Lernen?

- Erregung und Gefühle sind ansteckend. Die richtige Dosierung angespannter Konzentration herrscht in den Lesesälen der Seminare und Bibliotheken. Lernen Sie dort und lassen Sie sich davon anstecken.
- Gespräche mit anderen Menschen sind ebenfalls Auslöser für mittlere emotionale Reaktionen. Machen Sie Gebrauch von Ihrer interpersonalen Intelligenz, suchen Sie Zuhörer und Partner, mit denen Sie zusammen lernen können.
- Mangels Partner kann man mit der Technik des mentalen Trainings den Lernstoff mit netten imaginären Lernpartnern in Rede und Gegenrede, Frage und Antwort durchspielen.
- Wir lernen besser, wenn wir unser Lernen mit guten Gefühlen begleiten, uns zum Beispiel nach jeder Lernetappe eine Belohnung gönnen.
- Würzen Sie den Lernstoff mit positiven Gefühlen. Wenn Sie Geschichte, Politik und Literatur studieren, so stellen Sie sich die Persönlichkeiten vor, die einer Epoche ihren Stempel aufgedrückt haben. Beteiligen Sie sich innerlich an ihren Machtkämpfen, empfinden Sie Ehrgeiz, Hass und Launen nach, die sie getrieben haben, und versetzen Sie sich in die Situation der Zeitgenossen, die darunter gelitten oder davon profitiert haben.
- Auch Ingenieurs- und Naturwissenschaften kann man affektiv studieren, wenn man sich auch mit den Schicksalen der Entdecker und Forscher befasst. Welches Wettrennen lieferten sich die Erfinder des Radars in England und Deutschland während des Zweiten Weltkriegs? Durch welche Höhen und Tiefen ging das Ehepaar Curie, die Erforscher der Radioaktivität?
- Sie studieren Biologie oder Medizin und interessieren sich für das Lernen? Springen Sie auf den Zug der Zeit auf und verfolgen Sie den Wettlauf um die Gedächtnispille, der 1996 mit Eric Kandels Versuchen an der Meeresschnecke Aplysia begann. Mindestens 40 potenzielle Gedächtnispillen sind derzeit in Entwicklung; etwa ein Dutzend Pharmafirmen in den USA, Deutschland und der Schweiz investieren dafür jährlich rund 1,5 Milliarden Dollar.

Haben Sie richtig getippt?

	F	R
Die Pharmakonzerne arbeiten an der Gedächtnispille.		✔
Wie gut Sie lernen, hängt von Ihrem Lerntyp ab.	✔	
Menschen können auch ohne die rechte Gehirnhälfte lernen.		✔
Wer beim Lernen ganz *cool* bleibt, lernt schlechter.		✔

Das Gehirn ist ein wunderbares Organ.
Es beginnt zu arbeiten, sobald man am Morgen aufsteht,
und hört erst auf, wenn man das Büro erreicht hat.

ROBERT FROST

Aerobic fürs Gehirn (11)

Wir verlassen uns beim Lernen in der Schule, im Hörsaal oder in der Firma oft nur auf das visuelle Gedächtnis, in geringerem Maße auch auf das akustische Gedächtnis. So wie vernünftiges körperliches Training möglichst alle Muskelgruppen stärkt, soll die Gymnastik für das Gehirn so viele Regionen wie möglich ansprechen.

A. Aktivieren Sie alle Sinne

Lesen Sie das folgende Gedicht. Welche Farben und Bewegungen sehen Sie? Hören Sie den Wind, spüren Sie die Kälte auf der Haut?

Im Mummelsee, im dunkeln See,
da blühn der Lilien viele,
sie wiegen sich, sie biegen sich,
dem losen Wind zum Spiele,
doch wenn die Nacht herniedersinkt,
der volle Mond am Himmel blinkt,
entsteigen sie dem Bade
als Jungfern ans Gestade.

Der über 75-jährige Wissenschaftler James McGaugh rät zu einer rezeptfreien Therapie: «Halten Sie ihr Gehirn auf Trab, hören Sie nicht auf, neue Dinge zu lernen. Lernen Sie eine neue Sprache, lernen Sie, mit einem Computer umzugehen, lösen Sie Rätsel, treffen Sie sich mit Freunden und führen Sie viele Diskussionen – das hält das Gehirn aktiv.»

B. Auf dem Weg zum Gedächtniskünstler (IV)

Erinnern Sie sich?

Der **N**effe der **N**onne wirft **R**ose ins **M**eer = . . .

41 = Rad	42 = Rinne	43 = Raum	44 = Rohr	45 = Rolle
46 = Rausch	47 = RocK	48 = Riff	49 = Rippe	50 = LaSso

51 = Latte	52 = Leine	53 = Lamm	54 = Lore	55 = Lilie
56 = Lasche	57 = Locke	58 = Lava	59 = Laub	60 = Schuss

Warum ist 43 = **Raum**? Weil **R** (**R**eh) = **4** und **M** (3 Striche) = **3** ist.

Warum ist 58 = **Lava**? Weil F/V = 8 und L = 5 ist.

33.46.53.50 wird also **Mumie** im **Rausch** fängt **Lamm** mit **Lasso**.

IV.

12. Wiederholen mit W•I•N

Es ist Unsinn, Dinge zu lernen,
die man später wieder vergessen muss.

ERASMUS VON ROTTERDAM

Lernen und wieder vergessen? Nein danke! Diesen «Unsinn» will niemand mitmachen. Wer nicht vergessen will, muss wiederholen. Wiederholen – nicht wiederkäuen. Um abwechslungsreiches Wiederholen geht es in den beiden folgenden Kapiteln.

Denkanstoß

1. Wie können Sie Wiederholungen variieren, damit es nicht langweilig wird?
2. Wie oft und in welchen Abständen sollten Sie Ihren Lernstoff wiederholen?
3. Wie lassen sich die Wiederholungszeiten von Mal zu Mal verkürzen?

Zeit zum Schmunzeln

Ein Student der Philosophie saß in seiner ersten Prüfung.
Das Aufgabenblatt enthielt eine einzige Zeile:
«Ist dies eine Frage?»
Nach einigem Grübeln schrieb der Student nur eine Zeile:
«Wenn es eine Frage ist, dann ist dies die Antwort.»
Er bestand die Prüfung.

1. Wie erinnern wir uns?

Sie wissen vielleicht noch aus dem Chemieunterricht, was Lackmuspapier ist. Wenn nicht, erfahren Sie es hier. Wenn ja, was fällt Ihnen dazu ein?

1. Wir gehen einen Gedankenpfad

Was passiert beim Erinnern in meinem Gehirn? Eine Vielzahl von Gehirnzellen senden chemische Botschaften an andere Gehirnzellen. Schalter (Synapsen) werden umgelegt, Botenstoffe (Neurotransmitter) fließen, Verbindungen werden hergestellt, ich erinnere mich: Mit Lackmus testet man Flüssigkeiten. Säuren färben es rot, Laugen färben es blau. Ich bin einem alten Gedankenpfad zum Umfeld «Lackmuspapier» gefolgt.

2. Einmal ist keinmal

Lackmuspapier ist jetzt für mich ein Ausgangspunkt, von dem aus viele Pfade zur Chemie der Säuren und Laugen abzweigen. Viele Gedankenpfade sind wieder zugewachsen, weil ich sie seit meiner Schulzeit nicht mehr beschritten habe. Nur wiederholte Begehung und Übung hätten sie offen gehalten. Die Frage ist, wann und wie oft man einen Pfad mindestens gehen muss, damit er offen bleibt.

3. Auf das Wegenetz kommt es an

Was immer uns bei «Lackmus» einfällt, es ist nicht in einer Gehirnzelle, auch nicht in einem bestimmten Gehirnareal gespeichert. Die Form des Lackmusstreifens, seine Funktionsweise, die Farben rot und blau, die Wörter «Säure» und «Lauge», ihr Geruch, ihre Eigenschaften, der Chemielehrer und die Versuche sind jeweils in verschiedenen Arealen des Gehirns abgelegt und finden beim Erinnern durch ein Netzwerk von Gedankenpfaden zusammen.

Es führen ganz verschiedene Pfade zum Lackmuspapier, je nachdem von welchem Punkt aus ich starte. Je mehr Anknüpfungspunkte und Pfade ich in dem unendlichen Wald der Gehirnzellen anlege, desto engmaschiger wird das Gedankennetz.

4. Neues Wissen entsteht auf dem Boden von altem Wissen

Angenommen ich wollte mich jetzt über die Funktion von Energiezellen informieren. Das Terrain ist bereits teilweise vorbereitet. Ich könnte mein Vorwissen über die Autobatterie und die Leitfähigkeit von Säuren aktivieren; die Synapsen feuern, und das Neue findet bereits angelegte Gedankenpfade und Anknüpfungspunkte vor. Daraus ergeben sich Konsequenzen für effektives Lernen, die wir in diesem Kapitel näher betrachten:

- Lernen und einmaliges Wiederholen genügen nicht. Man muss in richtigen Zeitabständen wiederholen, bevor die Gedankenpfade wieder zuwachsen.
- Durch wechselnde Methoden des Be- und Verarbeitens legen wir zu einem Lerninhalt viele neue Pfade an.
- Durch wechselnde Methoden des Wiederholens erweitern und verbreitern wir das Wegenetz – je engmaschiger die Vernetzung, desto sicherer wird der Lernstoff gespeichert.
- Durch die Kombination mehrerer Methoden des Wiederholens vernetzt man Lerninhalte dauerhafter als durch nur eine Methode.
- Methodenvielfalt bringt die nötige Abwechslung und vermeidet das demotivierende Wiederkäuen.

2. Wie vergessen wir?

LERNgesetz:
Wir lernen und vergessen.

«Und dabei habe ich mich tagelang vorbereitet!» Diese Versicherung enttäuschter Schüler ist Lehrern und Eltern sehr vertraut. Die Klage verwundert auch nicht, denkt man an die Vergessenskurve, die Hermann Ebbinghaus (1885) unvergesslich gemacht hat.

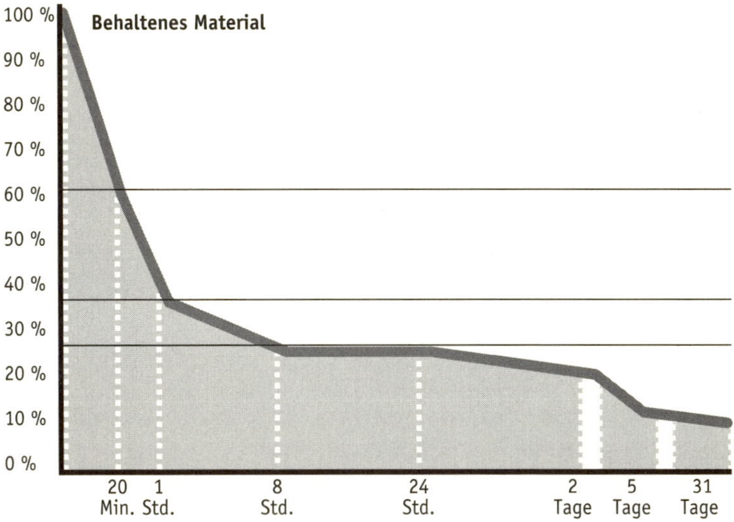

Ein Trost: Ebbinghaus hatte die Kurve in Selbstversuchen mit sinnlosen Silben ermittelt. Aber auch wenn wir keine sinnlosen Silben lernen, ist der Gedächtnisschwund bei Vokabeln, Zahlen und Fakten nicht minder entmutigend.

Verstrichene Zeit	Vergessen wird
20 Minuten	30–45 Prozent
1 Tag	50–60 Prozent
1 Woche	65–70 Prozent

Die Vergessensrate hängt sehr von der Beschaffenheit des Lernstoffs ab. Je isolierter die Lerninhalte, je lockerer ihr Zusammenhang, desto schneller werden sie vergessen.
Gehirnfreundliche Zusammenhänge sind selbst erstellte Texte, Eselsbrücken, Reime und vor allem verstandene Prinzipien und Gesetzmäßigkeiten. Für sie fallen die Vergessenskurven wesentlich günstiger aus.

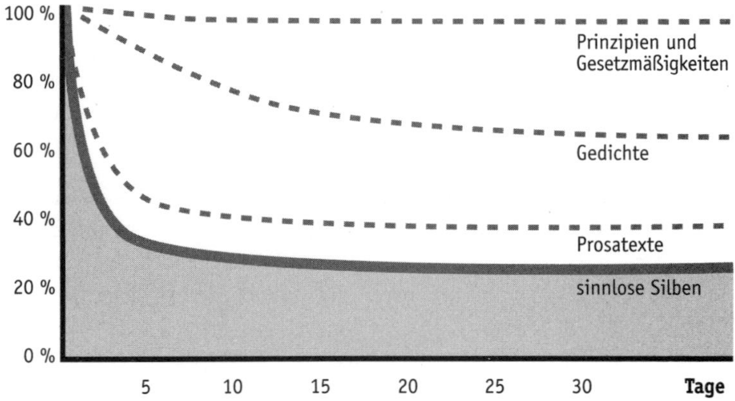

Zusammenhangslose Fakten müssen wir oft in Fächern wie Fremdsprachen, Medizin, Biologie und Chemie lernen. Da helfen nur künstliche Zusammenhänge, also Eselsbrücken:

Fettlösliche Vitamine:
Auf zu **EDEKA**: **E • D • E • K • A**
Phasen der Zellteilung:
PROMETheus **AN**s **TEL**efon:
Prophase • **Met**aphase • **An**aphase • **Tel**ophase

Auch die Einzelschritte für Lernmethoden kann man sich durch Merkwörter wie **BASIS**-Plan, **BISS**, **ALPEN**-Methode oder **WIN** einprägen.

3. Wiederholen mit W•I•N

Der Klavierschüler, der den Türkischen Marsch einstudiert, wird keine eigenen Variationen einbauen. Der Sprinter wird die 100 Meter immer wieder trainieren und die Strecke nicht von Mal zu Mal verkürzen. Beim Wiederholen aber werden wir genau das tun: die Lernstrecke verkürzen und variieren durch Wiederholen mit W • I • N.

W wie **Wechsel** der Wiederholungstechnik
I wie **Intervallwiederholung**
N wie **Nur** noch harte **Nüsse** knacken

1. Wechsel der Methoden

Wechsel bringt Abwechslung in den Lernalltag. Auswendiglernen und mechanisches Wiederholen nach ein und demselben Rezept sind monoton und nur für einfache Informationen wie Jahreszahlen sinnvoll.

❍ Wiederholen heißt verändern

Den ganzen Stoff einfach noch einmal lesen oder genau so wiederholen, wie er gelernt wurde, führt zu einer sehr flachen Verarbeitung. Lernen heißt aktiv sein, die Inhalte be- und verarbeiten. Dies gilt auch für das Wiederholen. Gehen Sie neue Gedankenpfade, knüpfen Sie neue Maschen an das Netzwerk. Hier nur einige Anregungen aus der Vielfalt der Möglichkeiten.

Notizen dialogisieren:	Einen Fragenkatalog aufstellen
Umstrukturieren:	Die Lernkarten neu gruppieren
Umformulieren:	Notizen ausbauen oder kürzen
Ergänzen:	Vergleich, Beispiel, Anwendung suchen
Verknüpfen:	Zusammenhänge, Querverbindungen finden
Verbildlichen:	Schaubilder aller Art erstellen

❍ Wiederholen heißt Methoden wechseln

Brainstorm:	Den Stoff «einfallen» lassen
Erzählen:	Finden oder erfinden Sie Zuhörer
Selbsttest:	Nutzen Sie Ihre Memory-Kärtchen
Mentales Training:	Simulieren Sie Prüfungssituationen
Assoziieren:	Wandeln Sie auf Ihren Gedankenpfaden
Perspektivenwechsel:	Wechseln Sie das Denkschema

❍ Assoziieren, die Wiederholung aus dem Gedächtnis

Ein Beispiel aus dem Bereich des Wortschatzlernens soll zeigen, was gemeint ist. Ich nehme Papier und Bleistift, setze mich bequem hin, entspanne mich und denke an eine Situation, ein Sachgebiet. Ich will ein Haus in Irland bauen und schreibe in die Mitte des Papiers das Wort *house* und mache einen Kreis herum. Das Wort *house* löst in meinem Gedächtnis eine Kettenreaktion aus, die sich entlang der Gedankenbahnen in viele Richtungen ausbreitet. Gelange ich an das Ende eines «Gedankenganges», schlage ich eine Abzweigung ein oder kehre zum Ausgangswort zurück und beginne aufs Neue.

Die Striche, die meine Wörter verbinden, sind echte «Gedankenstriche». Für andere mögen sie unlogisch erscheinen, für mein Gehirn stellen sie sinnvolle Bezüge dar. Beim nächsten Mal werden meine Gedanken ganz andere Wege gehen.

Das Assoziogramm ist eine Momentaufnahme von der Vernetzung der Begriffe in den Schubladen meines Gedächtnisses.

Jeder wird auf andere Art durch sein Gedächtnis streifen, ganz individuell, nach seinen Erfahrungen und seinem Lerntyp. Dies ist für das Behalten von größter Bedeutung. Denn die so gewonnenen Wortschatzstrukturen sind «selbst bestimmt» und nicht von einem fremden Lehrergehirn für das Schülergehirn entworfen worden, sondern von ihm selbst nach den Denkmustern, die seinem Lerntyp gemäß sind.

Die Lernpsychologie hat nachgewiesen, dass die freie Wiederholung aus dem Gedächtnis eine der gründlichsten Formen des Wiederholens und des Vernetzens von neuen mit alten Lerninhalten ist.

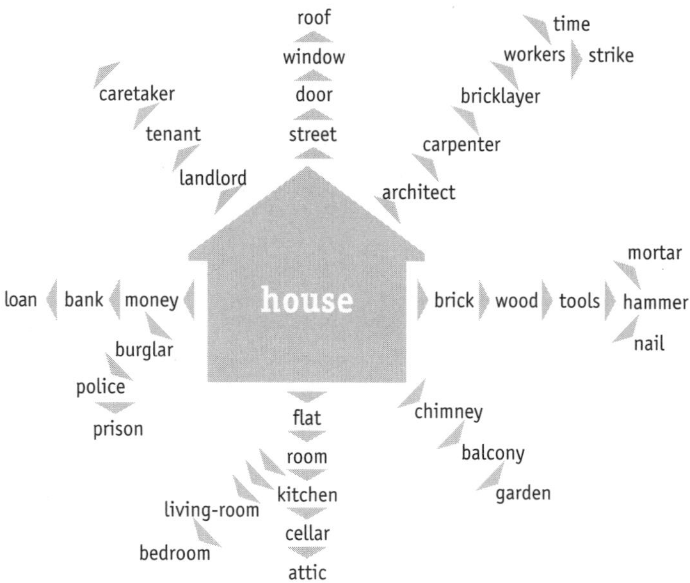

❍ Umstrukturieren und Perspektivenwechsel

Zurück zu unserem Haus-Assoziogramm. Es lohnt sich, es noch aus einer anderen Perspektive zu betrachten. Sieht man genauer hin, so erkennt man, dass die Wörter sich zu Gruppen ordnen lassen: Bauleute, Hausbewohner oder Gebäudetypen. Es herrschen Ordnungsprinzipien, nach denen wir das Wortgeflecht strukturieren können. Ich verarbeite also mein Wortgeflecht «Haus» zu einer neuen Struktur, die nur mir persönlich logisch erscheinen muss. Dies ist eine zweite, sehr intensive Form der Wiederholung.

Wörter, die nicht in das Schema passen (*burglar, police*), werden ausgeschieden. Mit solchen Irrläufern kann man ein neues Assoziogramm beginnen.

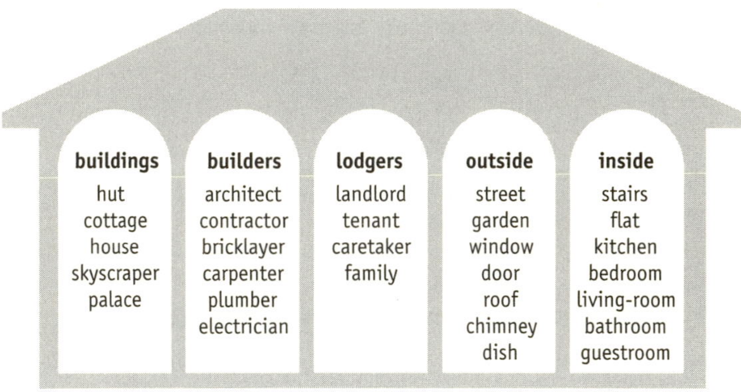

2. Intervallwiederholung

Eine Wiederholungsphase, die keine Zeit kostet, kennen Sie bereits. Sie findet in den Lernpausen unbewusst, ohne unser Zutun statt. Während wir uns mit den angenehmen Dingen beschäftigen, ordnet unser Gehirn die neuen Informationen und verknüpft sie mit bereits vorhandenen Inhalten.

> **LERNgesetz:**
> Wir behalten nur, was wir *zur rechten Zeit* wiederholen.

Auch den besten Zeitpunkt für eine Wiederholung kennen Sie schon. Wiederholen Sie vor dem Schlafengehen. Unsere grauen Zellen sind während der Traumphasen aktiv. Das genügt aber noch nicht.

Wie kann ich bei täglich anfallendem Lernstoff den Überblick behalten und wissen, wann die rechte Zeit für eine Wiederholung gekommen ist? Ein weiteres Lerngesetz lautet:

LERNgesetz:
Nicht massiert, sondern *gestaffelt* wiederholen.
Nicht klotzen, sondern *kleckern.*

Für ein **einstündiges, mittelschweres Lernpensum** könnte Ihr Zeitplan so aussehen. Der Zeitaufwand hängt natürlich sehr vom Fach, der Qualität der Verarbeitung und der ersten Wiederholung ab.

Wiederholungen	nach	Stoff
1. Wiederholung	1 Stunde	Lernetappe
2. Wiederholung	1 Tag	harte Nüsse des Vortags
3. Wiederholung	1 Woche	harte Nüsse der Vorwoche

Der Zeitaufwand für die zweite und dritte Wiederholung verringert sich erheblich, wenn Sie wissen, was zu wiederholen ist. Wiederholt wird nicht das gesamte Pensum, sondern nur, was vergessen wurde.

4. Wiederholung	1 Monat	gesamtes Gebiet
5. Wiederholung	6 Monate	Prüfungsvorbereitung

Die Vergessenskurven für sinnvoll verteiltes Lernen sehen dann bereits wesentlich günstiger aus als die von Ebbinghaus.

Durch die Intervallwiederholungen verringert sich der Zeitaufwand von Mal zu Mal. Bei der dritten Wiederholung braucht man meist nur noch einen Bruchteil der Zeit. Oft genügt bereits ein kurzes Wiederholen aus dem Gedächtnis mit Kontrollblicken auf den Text.

Das folgende Diagramm veranschaulicht den Lerneffekt bei sinnvoll gestaffelter Wiederholung.

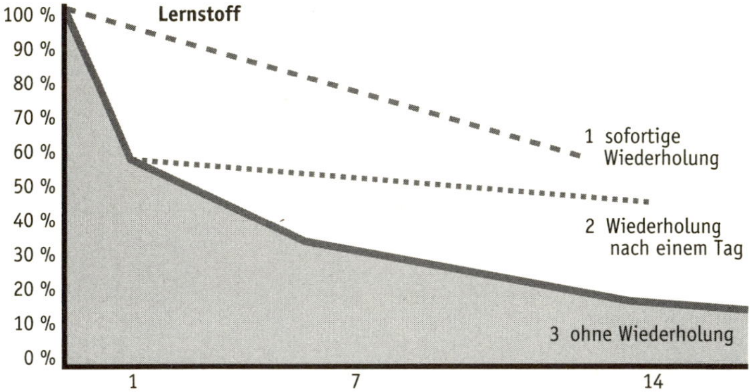

3. Nur noch harte Nüsse knacken

Doppelt genäht hält nicht besser: Üben, aber nicht «Überlernen»! Ein Pensum soll nur so lange gelernt werden, bis es sitzt. Jedes weitere Lernen wäre nicht nur Zeitverschwendung, es würde bereits gespeichertes Wissen verschütten.
Gelernt wird nur, was vergessen wurde. Durch gezielte Wiederholung der Schwachstellen reduzieren sich der Lernstoff und der Zeitaufwand von Schritt zu Schritt. Dies unterscheidet das Wiederholen vom Einüben einer Klaviersonate oder vom Trainieren der 100-Meter-Sprints: Die Seiten werden weniger, die Strecke wird kürzer.

Dazu müssen wir aber unsere Schwächen kennen und die harten Nüsse von den bereits geknackten Nüssen trennen. Jetzt machen sich die Notizen auf Karten und Poster bezahlt: Wir können die harten Nüsse, sprich Karten, aussortieren. Dies ermöglicht die eleganteste Methode, die «Wiederholung im Vorbeigehen», die ich Ihnen im nächsten Kapitel vorstelle.

Schmunzelpause

«Unsere Tochter ist sehr intelligent. Sie spricht schon zwei Sprachen, und jetzt lernt sie Algebra.
Komm, Klara, sag Frau Graf, was ‹Guten Tag› auf Algebra heißt.»

Aerobic fürs Gehirn (12)

A. Die Kopfnuss

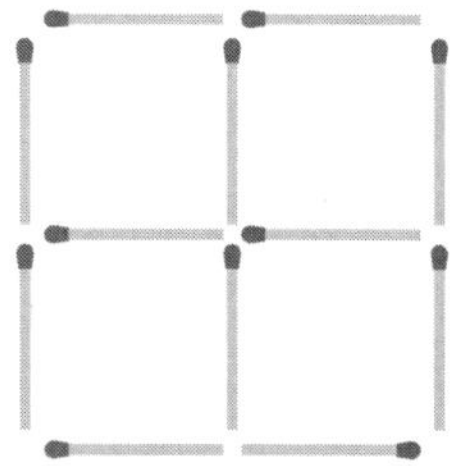

Legen Sie vier Hölzer um, sodass zwei Quadrate entstehen, die sich nicht berühren.

B. Das Wunder der Zahlen

1 mal 1 = 1
11 mal 11 = 121
111 mal 111 = 12321
1111 mal 1111 = 1234321

Haben Sie das System erkannt? Dann schreiben Sie in zehn Sekunden die Ergebnisse folgender Quadrate – natürlich ohne Taschenrechner.

1. 11. 11 mal 1. 11. 11 = ______________________
11. 11. 11 mal 11. 11. 11 = ______________________
1. 11. 11.11 mal 1. 11. 11.11 = ______________________

Lesen Sie die Ergebnisse vorwärts und rückwärts. Eigenartig, nicht wahr?

C. Das visuelle Gedächtnis trainieren

1. Wie viele Türen und Fenster hat Ihr Haus? ____
2. Und wie viele Stufen sind es bis zu Ihrem Arbeitszimmer? ____
3. *Was* haben Sie *wo gestern* um *15 Uhr* gemacht? ____

D. Auf dem Weg zum Gedächtniskünstler (V)

Was war doch gleich **Mum**ie im **Rausch** fängt **Lam**m mit **Las**so?

61 = **Sch**u**tt**	**62** = **Sch**ei**n**	**63** = **Sch**au**m**	**64** = **Sch**e**r**e	**65** = **Sch**a**l**
66 = **G**a**g**	**67** = **Sch**e**ck**	**68** = **Sch**i**ff**	**69** = **Sch**a**b**e	**70** = **K**a**S**se

66 = **Gag**, weil **G** oder **Sch** für die **6** stehen.
Ergänzen Sie:
________ zahlt ________ und ________ mit **Sch**e**ck** an der ________ = 54.32.47.67.70
Das **Raum**-**Schiff** fährt aufs **Riff** im **Dock** = __.__.__.__

13. Lernen im Vorbeigehen

Auf die Frage, wie hoch die Schallgeschwindigkeit sei, soll Albert Einstein geantwortet haben: «Weiß ich nicht. Ich beschwere mein Gedächtnis nicht mit Tatsachen, die ich im Konversationslexikon finden kann.» Auch wir wollen unser Gedächtnis nur mit dem Nötigen belasten – aber ständig nachschlagen? Nein, danke!

Das Kapitel im Überblick

- Der menschliche Faktor: Der schwere erste Schritt
- Der Litfaß-Effekt oder «Wiederholen im Vorbeigehen»
- Die Technik des Kartenlegens
- Der Karteikasten als «Wiederholungsmaschine»
- Die 12 Vorteile der Lernkartei
- Notizen, die haften bleiben

Zeit zum Schmunzeln

Es ist ungerecht, dass Menschen, die Stroh im Kopf haben, auch noch Geld wie Heu besitzen.

Der menschliche Faktor: Der schwere erste Schritt

Neues macht uns neugierig, Wiederholungen langweilen. Und weil das so ist, gehen wir gerne in die Lernfalle «*Zuerst noch schnell ...*».

> «Ich mache die Aktentasche auf und will das Buch herausholen. Ach, da fällt mir ein, dass ich *zuerst noch* nachsehen muss, ob Post gekommen ist. Nach einer Viertelstunde setze ich mich an den Schreibtisch und schlage das Buch auf. Wo war ich stehen geblieben? Bevor ich's vergesse, *zuerst noch* schnell schauen, ob ich eine E-Mail erhalten habe. Tatsächlich. E-Mails beantworte ich sofort. Vielleicht sollte ich mir *zuerst noch* einen Kaffee machen. Das Telefon! Wer mag das schon wieder sein?»

Geht es Ihnen auch manchmal so ähnlich? Das Lernhindernis «*Zuerst noch schnell ...*» lässt die lange Bank immer länger werden. Mit jedem «*zuerst*» wandert die Aufgabe weiter an das Ende der To-do-Liste. Es ist ein Merkmal von Lern- und Erfolgsintelligenz, den ersten Schritt sofort zu tun.

> *Der Anfang ist die Hälfte des Ganzen.*
>
> ARISTOTELES

Außer diesem Trost gibt es zum Glück eine Reihe von Techniken, bei denen die Lernblockade «*Zuerst noch schnell ...*» unseren guten Vorsätzen gar nicht erst im Weg steht. Und das Schöne daran: Man wiederholt in «Augenblicken».

Der Litfaß-Effekt oder «Wiederholen im Vorbeigehen»

Weil er sich über wild geklebte Plakate geärgert hatte, erfand der Berliner Druckereibesitzer Ernst Litfaß 1895 die runde Anschlagsäule, die seinen Namen noch heute trägt. Was haben Litfaßsäulen mit Pinnwänden gemeinsam? Wir gehen mehrmals an ihnen vorbei, und es bleibt immer etwas hängen. Selbst wenn wir ein Plakat mit der Aufschrift «*Bitte igno-*

rieren» sehen, ist es schon zu spät, der Aufforderung zu folgen. Die Werbeindustrie würde nicht so viel Geld investieren, wäre sie nicht sicher, dass bewusst oder unbewusst immer etwas hängen bleibt. Wir nutzen den Effekt, um bewusst in «Augenblicken» zu lernen.

1. Die Pinnwand als Lernwand

Lernen in Augenblicken – geht das? Nun, vier oder fünf Sekunden können die folgenden Techniken schon in Anspruch nehmen.

Aber da Sie die größte Vorarbeit, das Gestalten Ihrer Notizen, bereits geleistet haben, gibt es keine zeitsparendere Technik als das Wiederholen im Vorbeigehen. Und so gehe ich vor:

- Ich nehmen sechs bis acht meiner zweiseitig beschriebenen Memory-Kärtchen.
- Ich hefte die Karten an die obere Hälfte der Pinnwand, sodass die Vorderseite mit der Frage nach der deutschen Vokabel, der Formel, dem Fachbegriff sichtbar ist.
- Jedes Mal, wenn ich vorbeigehe, werfe ich für einige Sekunden einen Blick auf nur eine Karte.
- Ich gehe weiter und versuche, mich an das zu erinnern, was auf der Rückseite steht.
- Beim nächsten Vorbeigehen tue ich eines von zwei Dingen. Erinnere ich mich an die Antwort auf der Rückseite der Karte, wird sie abgepflückt und nach einem Kontrollblick umgedreht in die untere Hälfte der Pinnwand geheftet.
  Erinnere ich mich nicht, drehe ich die Karte um, lese nach und hefte sie, Rückseite zu mir, auf ihren alten Platz in der oberen Hälfte der Pinnwand.
- Sind alle sechs bis acht Karten in die untere Hälfte gewandert, sammle ich sie ein, nicht ohne noch einen Blick auf beide Seiten zu werfen. Die Karten kommen in das zweite Fach meiner Lernkartei (siehe Seite 158).

So wiederholen Sie im Vorbeigehen ohne zusätzlichen Zeitaufwand. Bald werden Sie wissen, was da an der Wand hängt. Und wenn Sie dies zur Gewohnheit machen, haben Sie bald Ihre ganze Kartei im Kopf. Sinngemäß können Sie so mit allen Kartentypen verfahren.

2. Die AIDA-Formel und das Lernposter

Das Lernposter eignet sich vorzüglich für Lernstoff aller Art. Es ist ein handelsübliches DIN-A 3-Format, ein großer Bogen aus dem Zeichenblock oder ein Tapetenrest, auf dessen Rückseite man mit dicken Filzstiften oder Markern schreibt.

Der bejahte Imperativ

Den Imperativ hat man im Nu,
nimmt man die Grundform ohne *to.*

Save *water.* ***Shower*** *with a friend.*
Die bejahte Form drückt aus:
Befehl, Wunsch, Forderung, Gebot.

Der verneinte Imperativ

Für Warnung, Rat und für Verbot
geht der Befehlsform ***don't*** voraus.

Don't tell *your friends about your indigestion.*
«How are you» is a greeting not a question.

Auf das Lernposter schreiben Sie nicht viel mehr als auf ein T-Shirt passen würde, kurze Zeilen, die aber die ganze Fläche ausfüllen dürfen. Sie schreiben zum Beispiel eine Grammatikregel in großer roter Schrift als Titel in die erste Zeile. Darunter kommen in anderer Farbe einige Beispielsätze. Die neue Struktur, auf die es ankommt, wird im Satz ebenfalls rot markiert.

Immer wenn Sie an einem Poster vorbeigehen, prägen Sie sich Regel und Beispiel ein. Sie merken sich die Schritte mit meiner Variante der **AIDA-Formel**.

A	wie	Aufmerksamkeit
I	wie	Inhalt, Interesse
D	wie	Denken (vorher/während/nachher)
A	wie	Abfotografieren, Abreißkalender

- Das Plakat soll so gestaltet sein, dass es wie ein Werbeplakat *Aufmerksamkeit* erregt.
- Der *Inhalt* soll interessant gestaltet sein. Was *interessiert, wird memoriert.*
- *Denken* Sie an das Poster und seinen Inhalt *kurz vor, während* und *nach* dem Vorbeigehen.
- Immer wenn Sie vorbeigehen, geben Sie sich das Kommando «*Abfotografieren* und wieder *loslassen*». Nichts prägt sich so ein wie etwas, das man vergessen darf.
- Werfen Sie die ausgedienten Bögen aber nicht gleich in den Papierkorb. Haben Sie etwa zehn Poster beschrieben, werden Sie geheftet und an einem passenden Ort als *Abreißkalender* aufgehängt. Zur Wiederholung trennen Sie jede Woche ein Blatt ab.

Lassen Sie die Plakate nie zu lange hängen, wechseln Sie den Wandschmuck regelmäßig. Auch mit den Filterkarten verfahren Sie so. Sie befestigen sie mit Tesafilm an Türen oder mit Stecknadeln an Tapeten. Ein schneller Blick im Vorbeigehen, und Sie haben etwas wiederholt.

3. Haftzettel und Loci-Technik

Sie kennen die kleinen Blöcke mit Haftzetteln in allen Größen. Wir brauchen sie für die Lerntechnik des Griechen Simonides, eine Technik, die seit der Antike in die Trickkiste von Gedächtniskünstlern gehört. Die Loci-Technik (locus = Ort) eignet sich in erster Linie für Lernstoff, den man sich in einer festen Reihenfolge einprägen muss, also für Referate, Vorträge, Präsentationen und Prozesse, in zweiter Linie für Experimente und Versuche. Im Folgenden verwende ich für den Lerninhalt der Einfachheit halber das Wort ‹Formel›.

1. **Schritt:**
   Schreiben Sie jeweils auf einen Haftzettel die Formel und einige Stichwörter zur Erläuterung. Reißen Sie die Zettel aber noch nicht vom Block.
2. **Schritt:**
   In Ihrem Haus oder Ihrer Wohnung gibt es Wege, die Sie mehrmals am Tag gehen, zum Beispiel von der Haustür in das Arbeitszimmer im ersten Stock. Heften Sie nun an markante Punkte dieses «Tram-

pelpfades» je einen Merkzettel in Augenhöhe. Jedes Mal, wenn Sie den Weg gehen, soll Ihr Blick auf einigen dieser Zettel verweilen. Sie wiederholen im Vorbeigehen, ohne eine Minute Ihrer Freizeit zu opfern. Mit dem nächsten Schritt verbinden wir die Zettelarbeit mit der Loci-Technik, deren Lerneffekt in vielen Versuchen nachgewiesen wurde.

3. **Schritt:**
   Die Wege in Ihrer Wohnung sind Ihnen so vertraut, dass Sie die ausgeschilderte Lernstrecke in Gedanken abgehen und sich an die markanten Punkte erinnern können. Formel, Erläuterung und markanter Punkt fließen zu einem Gedächtnisbild zusammen, sie werden bildhaft verknüpft. Die wohlbekannten Landmarken werden die «Mauerhaken» in Ihrem Gedächtnis, an denen Sie die Formel festmachen.
4. **Schritt:**
   Wie lernt und wiederholt man mit dieser Technik? Gleich wo Sie sich gerade befinden, Sie können den vertrauten Weg in Ihrer Wohnung jederzeit in Gedanken abschreiten. Wenn Sie einen markanten Ort anpeilen, werden Sie sich an den Haftzettel und seinen Inhalt erinnern. Der Ort setzt den Abrufmechanismus in Gang, die Synapsen feuern.
   Gehen Sie den Weg in Gedanken abwechselnd vorwärts und rückwärts. Fangen Sie auch einmal in der Mitte an, das macht Sie von der Reihenfolge unabhängiger. Nutzen Sie dazu die «toten Zeiten» in Wartezimmern und Verkehrsstaus.

Auf diese Weise merkten sich die Schauspieler des griechischen Theaters lange Monologe. Simonides verband Namen und Gesichter des Publikums bildhaft mit den Steinblöcken der Arena. Der römische Senator Cicero verknüpfte die Gliederungspunkte seiner Reden mit den Säulen und Statuen im Forum.

4. Wortschatz zum Anfassen

Sollten Sie dieses Kapitel gerade an Ihrem Schreibtisch lesen, dann lassen Sie Ihren Blick doch einmal durch Ihr Zimmer schweifen. Welche Gegenstände können Sie in der Fremdsprache benennen? Diese Wörter haben Sie damit wiederholt.

Es wird aber eine ganze Reihe von Dingen geben, deren Bezeichnung Sie noch nicht kennen, aber trotzdem wissen möchten. Legen Sie ein Päckchen mit Klebeetiketten oder Haftzettel auf Ihren Schreibtisch. Wenn Sie ein Wort lernen, das Sie in Ihrer Umgebung sehen, schreiben Sie es auf und kleben es an den betreffenden Gegenstand – am besten mit einem oder mehreren passenden Verben. Sie nehmen den Gegenstand in die Hand und taufen ihn auf seinen fremdsprachigen Namen. Bald tragen die Dinge, die Sie täglich umgeben, ihren englischen oder französischen Namen. Das ist «*Learning by doing*», Wortschatz zum Anfassen. Verfahren Sie ebenso mit dem, was auf Ihrem Schreibtisch steht, dem Inhalt Ihrer Aktenmappe usw.

Fazit: Sehen statt Suchen

Bevor Sie das «Lernen im Vorbeigehen» als grotesk abtun, sollten Sie die Vorteile bedenken. Sie brauchen keine Vorbereitungen zu treffen, keine zusätzlichen Arbeitszeiten einzuplanen, Sie müssen sich nicht erst überwinden, sich an den Schreibtisch zu setzen, ein Heft oder Buch hervorholen und nach der Seite suchen. Sind es nicht gerade diese Dinge, die uns den ersten Schritt manchmal schwer machen?

Warum also den Lernstoff zwischen Aktendeckeln verschließen? Mit Poster und Pinnwand ist der Lernstoff ständig im Blickfeld. Er umgibt uns, wir sehen ihn sowohl bewusst als auch unbewusst. Wir wiederholen in Sekunden, und das mehrmals an jedem Tag im Jahr.

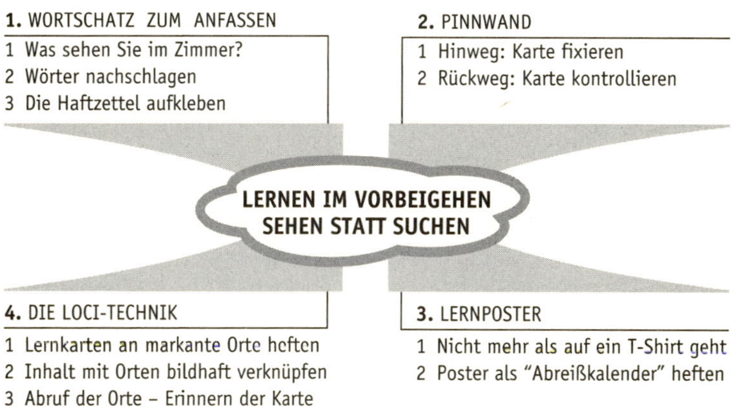

Die Technik des Kartenlegens

Mit welchen Techniken arbeiten die Dolmetscher, die fünf und noch mehr Sprachen fließend beherrschen? Paul Schmidt, Chefdolmetscher von Adolf Hitler, hat vor über 50 Jahren in seinem Buch *Sprachenlernen, warum und wie*? die Karteikartenmethode empfohlen. Ein Karteikasten zum Selberbasteln wurde etwa zwei Jahrzehnte später durch Sebastian Leitners Bestseller *So lernt man lernen*[1] unter dem Namen «Leitnerkasten» bekannt. Nur sehr zögernd hat diese Technik in den Schulen Einzug gehalten, wohl weil sie sich der Kontrolle durch den Lehrer entzieht und ein gewisses Maß an Ordnungsliebe und Selbstdisziplin voraussetzt. Mehr Disziplin, als sich Bierdeckel- oder Briefmarkensammler freiwillig auferlegen, wird allerdings nicht gefordert.

Am besten nehmen Sie jetzt ein Päckchen Karteikarten und vollziehen die Schritte mit. Zur Erinnerung: Auf der Vorderseite eines Memory-Kärtchens steht ein deutscher Ausdruck, eine Frage, eine Formel oder eine Definition; auf der Rückseite der Karte jeweils die fremdsprachige Wendung, eine Antwort, eine Erläuterung oder ein Beispiel. Bleiben wir beim Wortschatzlernen, weil damit wohl jeder Erfahrung hat.

Vorderseite	Rückseite
Ich bin im Bilde.	**I'm in the picture.**

Erster Schritt:

Nehmen Sie ein Päckchen von sieben oder acht Karten, die Vorderseite nach oben. Mit einem kurzen Blick überprüfen Sie, ob Sie sich noch an die Übersetzung erinnern. Dies ist die **erste Selbstkontrolle**. Karten, die Sie beherrschen, legen Sie in Zweierreihen untereinander auf die linke Seite des Tisches mit der englischen Vokabel nach oben. Wortschatz, den Sie nicht beherrschen, kommt auf die rechte Seite des Tisches.

Dieser Schritt kostet nicht mehr Zeit, als Sie beim Lernen aus einem Buch verwendet hätten. Sie sammeln die gekonnten Karten auf der linken Seite wieder einzeln ein, wobei Sie mit einem Blick auf die Vorderseite kontrollieren, ob Sie sich noch an den deutschen Ausdruck erin-

1 *Leitner, S. (1972),* So lernt man lernen. *Herder, Freiburg*

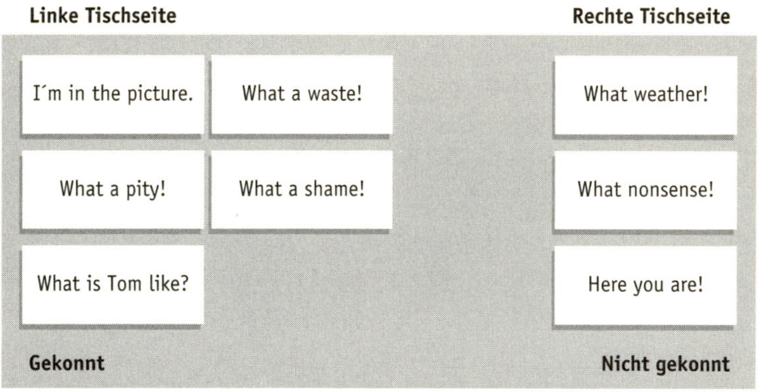

nern. Dies ist eine **zweite Wiederholung**. Die nicht gekonnten Karten werden genauso eingesammelt und überprüft, aber noch nicht weggepackt. Sie kommen auf den Stapel der harten Nüsse.

Die weiteren Schritte:

Sie nehmen jetzt ein zweites, drittes etc. Päckchen Karten. Alles, was Sie auf Anhieb nicht wissen, landet auf dem Stapel der harten Nüsse. Unsere Hände sind dabei wie beim Patiencenlegen ständig in Bewegung, was besonders den zappeligen Lernenden wohl tut.

Der letzte Schritt:

Die verbliebenen harten Nüsse werden nun wie oben beschrieben erneut «gelegt». Und wieder werden ein paar hartnäckige Fälle auf der rechten Tischseite landen. Die heften Sie an die Pinnwand, und jedes Mal, wenn Sie daran vorbeigehen, werfen Sie einen Blick darauf. Oder Sie stecken sie in die Tasche und wiederholen sie während der nächsten Bahn- oder Busfahrt.

Der Karteikasten als «Wiederholungsmaschine»

Als Karteikasten nehmen Sie eine passende Pappschachtel. Sie unterteilen den Karton von etwa 30 Zentimetern Länge in verschieden große Abteilungen; die Maße sollten Sie in etwa einhalten. Die Breite richtet sich nach dem Format Ihrer Kärtchen.

Die neuen Karten einer Lernetappe wandern in das erste Fach. In ihm haben nur etwa 30 bis 40 Karten Platz. Nach kurzer Zeit wird es in dem

Fach zu eng. Wir müssen Platz schaffen. Dies ist das Signal für die nächste, größere Wiederholung. Wir nehmen den Packen heraus und «legen Karten» wie oben beschrieben: Frage auf der Vorderseite anschauen – Antwort ins Gedächtnis rufen – kontrollieren.

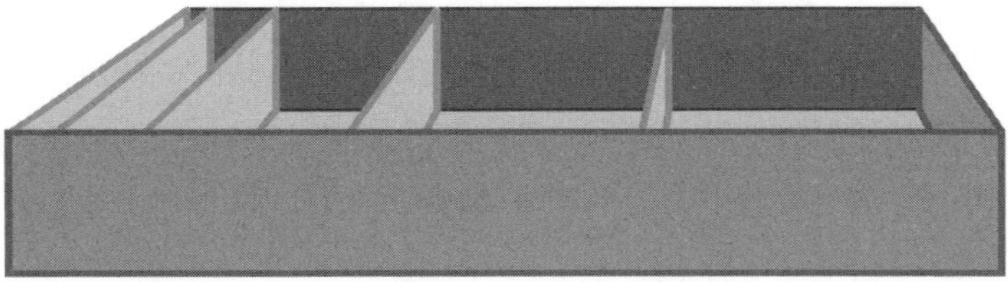

Karten, deren Inhalt wir beherrschen, legen wir wie gehabt auf die linke, Karten, die noch nicht sitzen, auf die rechte Seite des Tisches mit der Antwort nach oben. Die Reihen auf der linken Seite unseres Tisches beherrschen wir. Sie wandern in die zweite, größere Abteilung des Kastens, wo sie längere Zeit ruhen werden. Das zweite Fach hat Platz für 50 bis 80 Karten.

Die Karten auf der rechten Seite schauen wir uns beim Einsammeln nochmals an und stecken sie zurück in das erste Fach, hinter etwaige neu angefallene, noch nicht wiederholte Karten. Sie nehmen wir uns beim nächsten Mal zusammen mit dem neuen Stoff wieder vor.

Nach einigen Wochen wird es auch im zweiten Fach zu eng. **Platzmangel** gibt uns das **Kommando «Wiederholen»**. Wir müssen Raum schaffen, indem wir die gewussten Karten in die dritte, noch größere Abteilung befördern. Auf die gleiche Art und Weise füllen sich im Laufe von Wochen Abteilung drei, vier und fünf. Der vergessene Stoff dagegen wandert zurück an den Anfang des Hürdenlaufs.

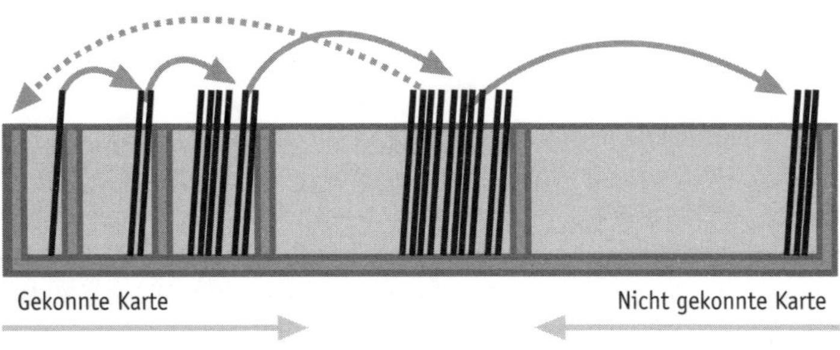

Die Aufteilung des Kastens in verschieden große Fächer beruht auf dem Prinzip der Intervallwiederholung (siehe 12. Kapitel). Je größer die Fächer, desto länger die Verweildauer der Karten. Die Abstände zwischen den einzelnen Wiederholungen werden auf diese Weise immer größer. Karten, deren Inhalt vergessen wurde, nehmen den umgekehrten Weg nach vorne, in das erste Fach. Dadurch werden sie öfter wiederholt. Unser Ziel ist es, die Karten vom ersten Fach über die folgenden in das fünfte und letzte Fach zu transportieren. Dort angekommen, sind sie dauerhaft in unserem Langzeitgedächtnis gespeichert.

Die 12 Vorteile der Lernkartei

1. Mit den Karteikarten in der Tasche wehren wir uns gegen Zeitverschwendung. Wenn man versucht, uns die Zeit zu stehlen, greifen wir zu einem kleinen Päckchen Karten.
2. Wo immer wir das Lernen unterbrechen, wir nehmen es genau dort auf, wo wir stehen geblieben sind. Wir müssen nicht lange suchen, sondern machen weiter mit der ersten Karte der jeweiligen Abteilung oder des Päckchens in unserer Tasche.
3. Die Kartei gibt uns Rückmeldungen über unsere Fortschritte. Der Lernerfolg ist optisch sichtbar; er lässt sich in Zentimetern messen.
4. Die Lernkartei meldet automatisch, wann es für uns Zeit zum Wiederholen wird. Wiederholung ist angesagt, sobald ein Fach gefüllt ist.
5. Durch die Abmessungen der einzelnen Fächer wiederholen wir in sinnvollen, immer größer werdenden Abständen.
6. Mit der Kartei arbeiten wir rationell. Es wird immer nur der Lernstoff wiederholt, der vergessen wurde. Das schädliche Überlernen des bereits gekonnten Stoffes wird vermieden.
7. Auch das überflüssige Positionslernen, d.h. das Einprägen einer Reihenfolge und der Position des Wortes auf der Buchseite wird vermieden.
8. Lernstoff, den wir leicht vergessen, wird so oft wieder vorgelegt, bis auch er beherrscht wird. Dies ist vielleicht einer der größten Vorteile der Kartei.
9. Wiederholen heißt, den Lernstoff verändern. Nur Karteikarten lassen sich immer wieder aufs Neue in eine sinnvolle Ordnung bringen.

10. Durch gezieltes Ordnen entsteht beispielsweise die «On-the-job-Kartei» für Ihren Arbeitsplatz. Sie enthält die «Learning-by-doing-Kärtchen». Hier sammeln Sie die Fachausdrücke Ihrer Branche, die immer wiederkehrenden Floskeln für die englischen Geschäftsbriefe oder den Wortschatz, den man beim Telefonieren benötigt.
11. Karteikarten sind klein und handlich. Die harten Brocken, die nur schwer in den Kopf wollen, können wir in der Tasche überallhin mitnehmen.
12. Kärtchen lassen sich schnell ersetzen, wenn sie uns nicht mehr gefallen oder wir Fehler entdecken.

Notizen, die haften bleiben: schnell, flexibel, einfach!

Ich schlage Ihnen hier eine Technik vor, die dem Mind-Mapping in mehreren Punkten überlegen ist (siehe Abbildung S. 161).

- Man nehme einen DIN-A 4-Block und einen Block mit Haftzetteln (ca. 5cm x 7cm), von denen etwa neun auf dem Blatt Platz finden.
- Beschriften Sie die Zettel im Querformat oder diagonal. Jede Notiz kommt auf einen Zettel in Form einer Suchwortkarte, Memory-Karte oder einfacher Stichwörter.
- Nach einer Lernetappe schlagen Sie den DIN-A 4-Block im Querformat auf und schreiben das Thema auf den oberen Rand des Blattes.
- Sie blättern Ihre Notizen durch, wählen die neun wichtigsten Kärtchen und kleben sie in Dreierreihen auf das Blatt. Neun Informationen (7 +/− 2) entsprechen etwa der Kapazität unseres Arbeitsspeichers.
- Sie können die Reihenfolge so lange mühelos ändern, bis sie einen Sinn macht.
- Zwischen den Selbstklebezetteln bleibt so viel Platz, dass Sie mit Pfeilen, Linien, Farben und Stichworten die Blöcke verknüpfen können.
- Das Mind-Map kopieren Sie, besser noch, Sie stecken es in eine Klarsichthülle und hängen es auf.
- Mit den Haftzetteln der zweiten Wahl verfahren Sie ebenso.

Der Vorteil gegenüber dem Computer und dem handschriftlichen Mind-Map liegt in der Zeitersparnis und der Flexibilität. Die Notizen lassen sich während des Wiederholens umstrukturieren, wenn man neue Beziehungen entdeckt.

Notizen, die haften bleiben

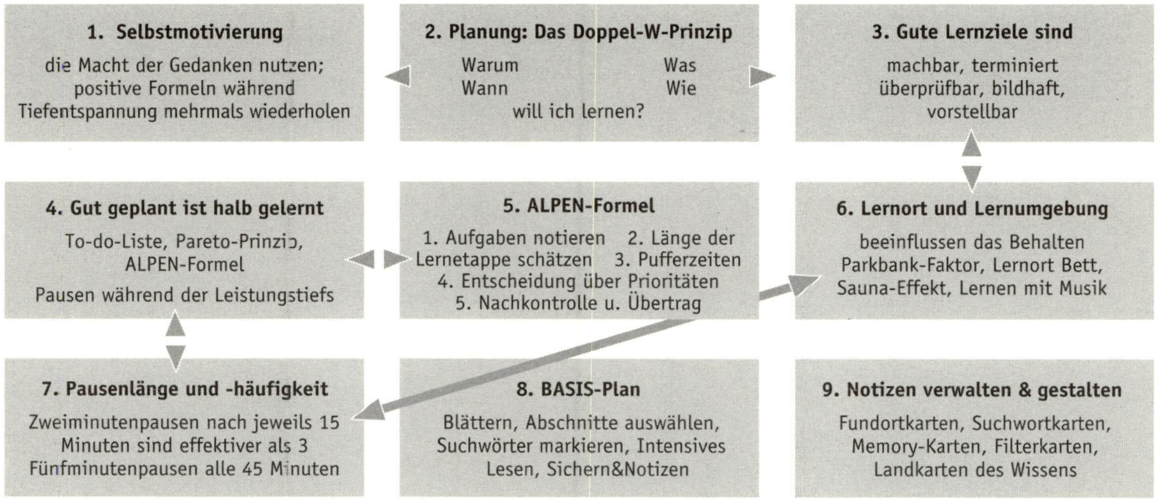

Aerobic fürs Gehirn (13)

A. Die Kopfnuss: Das Rätsel des verschwundenen Euros

Drei Männer teilten sich ein Zimmer. Sie bezahlten den Übernachtungspreis von 30 Euro. Zu spät fiel dem ehrlichen Hotelier ein, dass das Zimmer nur 25 Euro kostet.
Er schickt das Zimmermädchen mit 5 Euros den Gästen hinterher. Sie weiß aber nicht, wie sie die 5 Münzen durch 3 teilen soll. Also gibt sie jedem Gast nur l Euro zurück und behält 2 Euro für sich.
Jeder der Männer hat also nicht 10, sondern nur 9 Euro bezahlt, 9 x 3 = 27. Das Mädchen hat 2 Euro unterschlagen, 27 + 2 = 29 Euro. Wo ist der letzte Euro geblieben? Rechnen Sie doch nach.

B. Auf dem Weg zum Gedächtniskünstler (V)

Ergänzen Sie die Merkworte:

55.40.10.16.3 =

______ und ______ in der ______ auf dem ______ der ______

Wir machen weiter. Denken Sie an die 6 = Sch oder G

71 = Kette	**72** = Kanne	**73** = Kamm	**74** = Karre	**75** = Kohle
76 = Kogge	**77** = Küken	**78** = Kaffee	**79** = Kappe	**80** = VaSe

77.63.34.55 = ______ spielt im ______ des ______ mit ______

__.__.__.__ = Lore verliert im Rausch den Maschen-Rock.

__.__.__.__.__ = Tod den Schaben und Maden im Schutt des Doms.

Auf Seite 172 finden Sie noch die Merkwörter 81 bis 100.

C. Erkennen Sie das Muster

Welche Zahl passt nicht dazu?

48	**4**	**88**	**52**	**8**	**20**	**6**	**64**	__
21	**9**	**15**	**42**	**6**	**33**	**52**	**12**	__

Vorbereitet in die Prüfung

14. Examensvorbereitungen

15. Mit Bravour durch die Klausur

16. So meistern Sie die mündliche Prüfung

17. Rückblick und Ausblick

Universitäten sind weniger eine Auslese von Intelligenz als von Eitelkeit. GERHARD ZWERENZ

V.

14. Examensvorbereitungen

Bei der Eroberung des Weltraums sind zwei Probleme zu lösen: die Schwerkraft und der Papierkrieg. Mit der Schwerkraft wären wir fertig geworden.

WERNHER VON BRAUN

In vier Etappen haben wir uns mit dem Lernen beschäftigt. Im letzten fünften Teil geht es zwar vorwiegend um Klausuren, die Ratschläge gelten sinngemäß für das Präsentieren des Gelernten in Prüfungen aller Art. Nach den nächsten Kapiteln werden Sie Examensprobleme schneller lösen als die der Schwerkraft.

Was der Prüfungskandidat wissen sollte

1. Wie bereite ich mich optimal auf die Klausur vor?
2. Wie bewältige ich typische Lernprobleme?
3. Wie arbeitet man effektiv in der Lerngruppe?

Bevor Sie weiterlesen, was fällt Ihnen zu diesen drei Fragen ein? Haben Sie eine Strategie?

Zeit zum Schmunzeln

Der Vater zu seiner studierenden Tochter:
«Mein liebes Kind, wenn du im siebten Semester deinen Doktor immer noch nicht hast, dann musst du ihn selber machen.»

Keine Panik vor der Prüfung

Das beste Mittel gegen Prüfungsangst ist ein Plan. Nehmen wir an, Sie können sich während der Semesterferien zwei Monate lang auf das Examen vorbereiten. Das klingt mehr als es ist, denn von den 60 Tagen reservieren Sie ganze 25 Prozent, also 15 Tage, für Pausen und Unvorhergesehenes.

Nehmen wir weiter an, Sie arbeiten die verbleibenden 45 Tage morgens und mittags jeweils drei Stunden, dann könnte Ihr Plan etwa so aussehen:

	Arbeitsphasen	Zeitaufwand	45 Tage
A.	Vorbereitungen	5 Prozent	3 Tage
B.	Überarbeiten und Vertiefen	30 Prozent	18 Tage
C.	Verankern und Sichern	25 Prozent	15 Tage
D.	Kontrolle und Selbstprüfung	15 Prozent	9 Tage

Die vier Arbeitsphasen durchschreiten Sie für jedes einzelne Ihrer Fächer oder Themen. Wenn Sie drei Lerngebiete gleicher Schwierigkeit haben, dividiert sich die Stundenzahl also durch drei. Nun stellen Sie Ihren Zeitplan auf. Erinnern Sie sich noch, wie es die Profis machen? Hier drei Gedächtnisstützen:

- Alpen-Formel
- Pareto-Prinzip
- To-do-Liste

Vergessen Sie die Pausen nicht, in denen Sie sich erholen, während der Lernstoff sich absetzt.

Zeitreserve gegen Stress		15 Tage
Lernpausen	10 Prozent	6 Tage
Pufferzeiten	15 Prozent	9 Tage

Es kommt ja oft anders, als man denkt. Pufferzeiten schützen vor dem Unvorhersehbaren: Grippe, Wechsel der Arbeitsgruppe, nicht rechtzeitig verfügbare Bücher usw.

A. Vorbereitungsphase: etwa 5 Prozent der Zeit

Gehen wir die vier Arbeitsphasen durch und beugen typischen Problemen vor. Was ist zu tun? Was ist zu vermeiden?

> *Quae dementia est supervacua*
> *discere in tanta temporis egestate!*
>
> *Was für ein Wahnsinn ist es, bei einem solchen Mangel an Zeit Überflüssiges zu lernen!* SENECA, Briefe an Lucilius 48,12

1. Was fehlt mir noch?

Stellen Sie die Unterlagen zusammen und prüfen Sie deren Vollständigkeit. Lücken fallen oft erst in der Sprechstunde des Dozenten auf oder beim Vergleich Ihrer Mitschriften mit denen anderer.

2. Wo setze ich Schwerpunkte?

Wo Sie Ihre Schwerpunkte setzen, das erfahren Sie in den Sprechstunden der Dozenten. Bitten Sie um Literaturempfehlungen und Tipps für die Vorbereitung. Leihen Sie die Bücher so früh wie möglich aus, denn vor Examen sind sie oft vergriffen.

Wenn Sie in einer Lerngruppe arbeiten, sollten sich mehrere Partner für die benötigten Bücher vormerken lassen. So stehen sie der Gruppe langfristig zur Verfügung.

3. Wie wird geprüft, was wird verlangt?

Wie sehen die Klausuren aus? Und wie hoch ist das Anspruchsniveau? Kein Problem. Besorgen Sie sich die Klausuren früherer Semester über die Fachschaft oder die Studentenverbindung.

4. Schaffe ich das alleine?

Das Anspruchsniveau mag Ihnen hoch erscheinen, weil Sie ja erst in der Vorbereitungsphase sind. Nicht die Flinte ins Korn werfen. Finden Sie sehr früh Ihre Lernpartner, organisieren Sie eine Lerngruppe. Vereinbaren Sie die Regeln für eine effektive Zusammenarbeit (siehe unten). Beachten Sie, dass bei der Gruppenarbeit für die schriftliche Prüfung andere Regeln gelten als für die mündliche Prüfung (S. 188).

B. Überarbeiten und Vertiefen: etwa 30 Prozent der Zeit

Jetzt krempeln Sie die Ärmel hoch. Sie werden die Stimmen der inneren Schweinehunde vernehmen, aber die lassen sich zähmen.

1. Ich weiß nicht, wo mir der Kopf steht:

Sie haben die Orientierung verloren? Das ist normal. Oft hilft ein Überfliegen des ganzen Gebiets, und man gewinnt wieder den Überblick. Danach setzt man die Schwerpunkte neu, packt Lernpakete und plant Lernetappen.

2. Ich sehe den Wald vor lauter Bäumen nicht:

Die Bäume sind die Details, sie verstellen den Blick auf das Ganze. Kleben Sie nicht an Fakten und Zahlen, sondern versuchen Sie die großen Zusammenhänge zu sehen, die Strukturen und Gesetzmäßigkeiten zu erkennen. Auf sie kommt es in der Klausur an.

3. Jetzt verstehe ich gar nichts mehr:

Das ist der Moment, ein autogenes Training einzulegen oder einen Spaziergang zu machen. Lernen Sie nichts auswendig, was Sie nicht verstanden haben. Unklare und nicht verstandene Sachverhalte werden gesondert notiert und in der Sprechstunde oder in der Lerngruppe (s.u.) geklärt. Stellen Sie während der Wiederholungen die kritischen Fragen zusammen, die Sie den Lernpartnern vorlegen.

C. Verankern: etwa 25 Prozent der Zeit

1. Die Zeit läuft davon:

Kein Prüfling fühlt sich hundertprozentig vorbereitet. Holen Sie jetzt keine neuen Bücher aus der Bibliothek, sammeln Sie keinen neuen Stoff mehr. Schlagen Sie sich nicht die Nächte um die Ohren. Nutzen Sie lieber die toten Zeiten in Verkehrsmitteln und Wartezimmern, um mit Lernkarten und Walkman zu wiederholen.

2. Alles vergessen – ich bin frustriert:

Die Zeit des Wiederholens und Verankerns wird manchmal durch Frustphasen unterbrochen. Erschreckend, wie viel man vergessen hat! Das ist ärgerlich, aber es ist natürlich. Um Vergessenes zurückzuholen, haben Sie diese Arbeitsphase ja eingeplant. Sie erinnern sich an das «Lernen im Vorbeigehen»? Pinnen Sie die Gedächtnisflüchtlinge an Pinnwand, Poster und Tapete.

Erinnern Sie sich, warum die Phase des Wiederholens und Verankerns so langweilig ist? Unser Gehirn ist darauf programmiert, Neues zu lernen. Wiederholen bringt eben nun mal nichts Neues, deshalb reagiert unser Gehirn mit Unlust. Was tun? Die Phase des Verankerns kann man abwechslungsreich gestalten. Hier ein paar Tipps dazu.

3. Variety is the spice of life

Sie kennen bereits einen der Kardinalfehler, nämlich die Unterlagen immer wieder durchzulesen. Wiederholtes Lesen bringt nichts, es führt zum Überlerneffekt und zu Frust. Außerdem macht Auswendiglernen unflexibel.

- Gehen Sie den Stoff in wechselnder Reihenfolge durch, denn in der Prüfung müssen Sie ihn aus einer starren, eingeprägten Reihenfolge wieder lösen.
- Führen Sie die Notizen aus verschiedenen Quellen durch Ordnen neu zusammen. Das gelingt ohne schnippeln und kopieren, denn Sie haben Ihre Notizen auf verschiedenen Typen von Lernkarten angelegt.
- Betrachten Sie ein Gebiet aus unterschiedlichen Perspektiven, entwerfen Sie zu jeder Perspektive eine Gliederung.
- Wechseln Sie die Lernorte. Das bringt Abwechslung in den Alltag.
- Erzählen Sie Kommilitonen, Verwandten und Bekannten das, was den jeweiligen Zuhörer interessieren könnte. Das zwingt Sie, in unterschiedlichen Situationen in Zusammenhängen zu denken und die Perspektive zu wechseln.

D. Kontrollphase: etwa 15 Prozent der verfügbaren Zeit

Sie haben es fast geschafft. Noch etwa zehn Tage zur Prüfung. Doch halt, nur noch neun Tage, denn ...

> ... am Tag vor der Prüfung
> muss die Arbeit ruhen.

Die Tage vergehen wie im Flug, denn in dieser Phase wird nicht mehr gelernt, sondern für das «Schriftliche» geübt – allein und mit anderen. Sie haben sich am Seminar die Klausuren der Vorjahre besorgt.

An ihnen kann man sich selber einschätzen. Es genügt, wenn Sie das Gefühl haben, Sie würden es gerade so schaffen. In der Atmosphäre des Klausursaals mobilisiert man in der Regel Reserven, die einem in diesem Stadium noch nicht zur Verfügung stehen.

Die Klausurfragen dienen nicht nur der Wissenskontrolle. Man übt an ihnen das Sammeln der Stichpunkte und das Entwerfen einer Gliederung (siehe Kapitel 15). In der Arbeitsgruppe vergleicht und bespricht man die Gliederungen zu mehreren Musterklausuren.

Man sollte einige Klausuren anschließend zu Hause schriftlich ausarbeiten und sich dabei den Wecker stellen. So gewinnt man das Zeitgefühl für die Klausur.

Schmunzelpause

In einer Studentenbude: Zwei Studis erwachen aus dem Tiefschlaf.
«Du, was für ein Tag ist heute?»
«Donnerstag!»
«Sommer- oder Wintersemester?»

Einer für alle, alle für einen

Lernpartnerschaften und Lerngruppen machen ein Studium lebenswert, vor allem, wenn man nicht in seiner Heimatstadt studieren kann. Was bringen Ihnen Lernpartner und Lerngruppe?

- Der Gedankenaustausch mit unterschiedlichen Menschen ist nicht umsonst eine der wichtigen Formen des Gehirnjoggings. Sie trainieren dabei aber nicht nur Ihr Gedächtnis, Sie entdecken im Verlauf des Gesprächs auch, was Sie noch nicht oder nur halb verstanden haben.
- Bis zum vierten oder fünften Semester erhalten Sie kaum Rückmeldung über Ihren Leistungsstand. In der Lerngruppe bekommen Sie dieses Feedback durch den Vergleich mit den Kommilitonen.
- Sie proben den Ernstfall mit Gleichgesinnten, die etwas von der Materie verstehen. Sie entdecken Ihre Schwachstellen nicht erst in der Prüfung.
- Suchen Sie sich deshalb Ihre Lernpartner so früh wie möglich. Sie tun etwas gegen die Einsamkeit des Lernens. Sie werden feststellen, dass Ihre Leidensgenossen die gleichen Probleme haben. Geteiltes Leid ist halbes Leid.
- Aus Lernpartnerschaften sind schon Netzwerke und Freundschaften fürs Leben entstanden, denn nichts schweißt so eng zusammen wie eine Notgemeinschaft.

Die Arbeit in der Gruppe

Die Arbeit mit Partnern darf nicht zum Kaffeestündchen oder zum Stammtisch ausarten. Deshalb sind einige Punkte zu beachten und feste Regeln zu vereinbaren.

- **Wie finden Sie Lernpartner?**
  Sprechen Sie Monate vor der Klausur seriöse und sympathische Leidensgenossen in der Vorlesung und dem Seminar an.
  Wenn das keinen Erfolg hat, hängen Sie einen Anschlag mit Ihrer Telefonnummer, der Prüfungsart, dem Fach und eventuell noch dem Namen des Prüfers an das schwarze Brett der Universität oder des Seminars.

- **Größe der Gruppe:**
Wenn sich mehr als vier Interessenten bei Ihnen melden, suchen Sie weitere Teilnehmer und teilen die Gruppe. Sinnvoll zusammenarbeiten kann man zu dritt oder zu viert.

- **Terminvereinbarung:**
Sie treffen sich regelmäßig ein- bis zweimal in der Woche, auch wenn Teilnehmer verhindert sind. Terminvereinbarungen sind das beste Mittel im Kampf gegen den inneren Schweinehund. Am Ende jeder Sitzung wird vereinbart, was das nächste Mal diskutiert wird.

- **Arbeitsplatz:**
Das Café ist ein ungeeigneter und teurer Arbeitsplatz. In einem leeren Hörsaal, Seminarraum oder abwechselnd in einer der Wohnungen können Sie ungestört Informationen austauschen und unbeobachtet mündliche Prüfungssituationen simulieren.

- **Verantwortung:**
In der ersten Sitzung wird vereinbart, dass Schmarotzer und Abstauber das Feld zu räumen haben. Alle Teilnehmer sind gleichberechtigt und füreinander verantwortlich. Jeder verpflichtet sich, vorbereitet zum Treffen zu kommen.

- **Die Arbeit:**
Sie erfahren den Stoff aus den Perspektiven der anderen Teilnehmer. Sie arbeiten ausgewählte Klausuren vergangener Jahre gemeinsam durch. Sie klären noch unklare Sachverhalte, und wenn dies nicht möglich ist, gehen Sie in die Sprechstunden der Dozenten.

Aerobic fürs Gehirn (14)

A. Die Kopfnuss

Ein Ruderer rudert die Isar stromaufwärts. In einer Stunde schafft er 400 Meter, ist aber dann so erschöpft, dass er in der folgenden Stunde 300 Meter zurücktreibt. Nach wie vielen Stunden schafft er einen Kilometer?

nach **A.** 19 **B.** 17 **C.** 15 **D.** 13

B. Der letzte Schritt zum Gedächtniskünstler (VI)

81 = Video	82 = Fahne	83 = Vim	84 = Feuer	85 = Falle
86 = Fisch	87 = Vicky	88 = Fiffi	89 = Viper	90 = BuS

91 = Boot	92 = Bahn	93 = Baum	94 = Bär	95 = Ball
96 = Busch	97 = Bock	98 = Buffo	99 = Puppe	100 = Dosis

Wie lautet die Zahl?

Lore hat eine **K**e**tt**e in der **N**ase = __.__.__
Vicky sitzt im **Laub-Baum** mit **Fiffi** und **L**ore = __.__.__.__.__
Das **Sch**iff auf dem **Nil** hat **Sch**utt und **T**ee**r** geladen = __.__.__.__.__

C. Das Magische Quadrat

Schreiben Sie die Zahlen von 1 bis 9 so in die Felder, dass die Summe jeder Spalte und jeder Zeile **15** ergibt. Ein Feld ist bereits vorgegeben.

___	___	___
___	5	___
___	___	___

15.

15. Mit Bravour durch die Klausur

Ich sehe diesem Tag mit einigen vollen Hosen entgegen.

KURT TUCHOLSKY

Auch große Geister wie Kurt Tucholsky gehen nicht gelassen in eine Prüfung. Ein gewisses Maß an Stress – zwischen Gelassenheit und Aufgeregtheit – ist jedoch eine der Voraussetzungen für Höchstleistungen. Profitieren Sie von den Erfahrungen Ihrer Vorgänger.

Strategien und Techniken

1. Sie schlagen die Arbeitsanweisungen der Klausur auf. Was tun Sie als Erstes?
2. Wie geht man mathematische Probleme an?
3. Die Arbeitsanweisungen – wie analysiert man sie?
4. Wie sammelt man Stoff für den Fachaufsatz?
5. Welche Gliederung eignet sich für welche Themenstellung?

Zeit zum Schmunzeln

Ein Mathelehrer trifft einen früheren Schüler, als dieser gerade aus einem Mercedes mit Chauffeur aussteigt. Er wundert sich: «Sie haben es ja anscheinend weit gebracht, obwohl Sie in Mathe nie eine Leuchte waren.»
«Ja, wissen Sie», meint der ehemalige Schüler, «ich kaufe T-Shirts für sieben Euro und verkaufe sie für zwölf Euro. Von diesen fünf Prozent lässt sich's gut leben.»

1. Keine Angst vor Prüfungsangst

Haben Sie auch alles – den Personalausweis, die Flasche Wasser, einen leichten Imbiss, damit der Blutzuckerspiegel nicht sinkt; ein Schreibgerät in Reserve, Tintenkiller, Radiergummi, Lineal, farbige Marker, Papier?

Ganz ruhig und gelassen

Alle haben Lampenfieber. Im Saal ist es unruhig. Sie haben noch drei Minuten Zeit für eine Schnellentspannung in sieben Schritten, um Ihre Anspannung auf das gesunde Mittelmaß zu senken. Machen Sie die sieben Schritte jetzt mit!

1. Drei- bis viermal tief in den Bauch (nicht in die Brust!) einatmen. Beim Ausatmen denken Sie jedes Mal: *Ich bin ganz ruhig und gelassen.*
2. Weiter atmen. Ballen Sie beide Hände fest zu Fäusten; die Spannung drei Sekunden halten und entspannen. Bitte noch zweimal.
3. Verschränken Sie die Hände hinter dem Kopf; Ellbogen leicht nach hinten drücken, damit sich die Schulterblätter treffen. Spannen Sie Hals- und Nackenmuskeln an, indem Sie Hals und Nacken gegen die Hände drücken, die Spannung halten – bis drei zählen und wieder entspannen. Das Ganze noch einmal.
4. Nun zu den Gesichtsmuskeln. Runzeln Sie zweimal Ihre Stirn, so böse Sie können – und wieder entspannen.
   Ziehen Sie die Augenbrauen hoch, so weit es geht und lächeln Sie. Entspannen – und noch einmal.
5. Pressen Sie die Zunge fest gegen den Gaumen – und wieder loslassen. Ein zweites Mal, bitte!
6. Und nun das Finale: Arm-, Bauch- und Gesäßmuskeln anspannen, Atem kurz anhalten. Muskeln lockern und entspannen. Strecken und recken!
7. Sie atmen ruhig weiter – Bauch raus, Brust rein – und Sie denken beim Ausatmen abwechselnd:
   Ich bin ganz ruhig und gelassen. Ich schaffe es.

Schmunzelpause

Zwei Väter unterhalten sich über ihre Kinder.
«Was wird Ihr Sohn werden, wenn er alle Examen hinter sich hat?»
«Rentner.»

2. Bevor Sie zu schreiben beginnen ...

Sie halten die Klausuraufgaben in der Hand. Auf los – geht es bedächtig los. Nichts überstürzen! Sie atmen erst mehrmals tief durch, bevor Sie einen Blick darauf werfen. Nun lesen Sie die Aufgaben langsam und genau durch.

1. **Überblick gewinnen und planen:**
   Besteht die Klausur aus mehreren voneinander unabhängigen Teilaufgaben? Welche Frage ist das Filetstück der Prüfung?
   Verteilen Sie die Klausurzeit nach Zahl und Wichtigkeit der Aufgaben. Beginnen Sie mit dem Teil, der die meisten Punkte bringt.
   Wenn Sie unsicher sind oder sich nicht entscheiden können, wählen Sie die leichteste Frage. Das beruhigt und gibt Selbstvertrauen.
2. **Lesen, lesen und nochmals lesen:**
   Begehen Sie nicht den Fehler, sofort mit der gewählten Aufgabe zu beginnen. Haben Sie das Thema verstanden? Haben Sie alle Größen, Substantive und Verben berücksichtigt?
   Es ist eine traurige Statistik: Flüchtiges Lesen und Drauflosschreiben zählen zu den häufigsten Ursachen von Prüfungsversagen.
   Bevor Sie die nächste Aufgabe beginnen, die Fragestellung nochmal durchlesen und die Antwort auf Vollständigkeit überprüfen!
3. **Seien Sie flexibel – nicht festbeißen!**
   Wer sich in eine Aufgabe verbeißt, gerät in Zeitnot. Nach drei vergeblichen Lösungsansätzen ist es ratsam, die Gedankenbremse zu ziehen: Zeit für einen Schluck Wasser. In den Bauch einatmen und eine neue Aufgabe in Angriff nehmen. Vielleicht brütet Ihr Gehirn weiter, und der Lösungsweg fällt Ihnen nach dem ersten Teilerfolg ein.
4. **Konzept und Reinschrift:**
   Handelt es sich um eine Art Fachaufsatz, entwirft man eine Gliederung auf Konzeptpapier, es sei denn, sie ergibt sich schon aus der Aufgabenstellung. Die Gliederung ändern Sie vielleicht im Verlauf der Arbeit; sie wird deshalb erst am Schluss ins Reine geschrieben. Warum den Hauptteil nicht gleich ins Reine schreiben? Viele Schüler und Studenten schreiben ein ausführliches Konzept ab, ohne große Änderungen vorzunehmen. Mit einer guten Gliederung im

Rücken verwirft man eine Seite nur dann, wenn sie offensichtlich falsch ist. Deshalb ist es von Vorteil, wenn Sie die Blätter nur einseitig beschreiben. Sie können so neue oder geänderte Seiten problemlos einfügen.

5. **Nicht mit Papier sparen:**
Ist die Reihenfolge der Beantwortung vorgeschrieben, nehmen Sie für jeden Teil eine neue Seite. Dann können Sie Teilfragen überspringen und, wenn nötig, ausgewählte Seiten ins Reine schreiben. Müssen Sie Texte in eine Sprache übersetzen, rate ich Ihnen, zweizeilig zu schreiben, also immer eine Zeile auszulassen. Sie können dann eine Zeile durchstreichen und die Korrektur in die Zeile darüber setzen. Das erspart Ihnen eine Reinschrift. Im Konzept basteln Sie nur an den schwierigen Passagen.

Schmunzelpause

Drei Touristen fahren mit dem Zug durch Schottland und sehen auf einer Blumenwiese ein schwarzes Schaf. Hören wir ihnen beim Denken zu:

Ein ganz normaler Mensch:
Aha! In Schottland gibt es schwarze Schafe.
Ein Mathematiker:
Aha! In Schottland gibt es mindestens
ein schwarzes Schaf.
Ein Logiker:
Aha! In Schottland gibt es mindestens
eine Wiese, auf der mindestens ein Schaf steht,
das auf mindestens einer Seite schwarz ist.

3. Die Klausur in Naturwissenschaften

Für mathematische Probleme gibt es nicht das eine Kochrezept. Zu vielfältig sind die Aufgaben. Vielleicht hilft Ihnen der klassische «Dreisprung» über die Hürden.

1. Wie analysieren Sie die Aufgabe?

❍ Sie lesen die Aufgabe mehrmals aufmerksam durch und markieren die Teile, die Sie noch nicht verstehen.

❍ Sie ordnen die Aufgabe ein. Was für ein Aufgabentyp ist es? Wo liegen die Probleme?

❍ Habe ich ähnliche Probleme schon einmal gelöst? Welche Hilfsmittel, Formeln, Regeln kommen infrage?

❍ Sie haben so ein Problem schon einmal gelöst? Stopp! Das wäre ein seltener Zufall. Achten Sie auf die kleinen Unterschiede.

❍ Stellen Sie die klassischen Fragen an die Aufgabe und notieren Sie die Antworten:
- Was ist gesucht?
- Was ist gegeben?
- Welcher Zusammenhang besteht zwischen den gegebenen Größen und den Unbekannten?
- Wie lauten die Bedingungen?
- Kann ich eine Skizze zeichnen?
- Lässt sich die Aufgabe mit den gegebenen Daten bereits lösen?

Untersuchen Sie, ob weitere Größen aus einer Definition, einer Formel, einem Lehrsatz gewonnen werden können. Vielleicht müssen Sie erst eine Hilfskonstruktion ausführen oder eine Nebenrechnung machen, um zusätzliche Daten zu gewinnen.

2. Skizzieren Sie den Lösungsweg

❍ Setzen Sie den Lösungsansatz möglichst allgemein an.

❍ Haben Sie alle Bedingungen berücksichtigt?

❍ Haben Sie alle Begriffe und Größen beachtet, die in der Aufgabe enthalten sind?

❍ Können Sie das Ergebnis durch Abschätzen überprüfen?

3. Gehen Sie den Lösungsweg

- Setzen Sie noch keine Zahlen ein.
- Prüfen Sie erst die Richtigkeit jedes einzelnen Schritts.
- Gehen Sie den Lösungsweg rückwärts.
- Ist die Lösung plausibel? Verwerfen und neu bearbeiten ist nur sinnvoll, wenn der erste Weg falsch war.

Schmunzelpause

Ehefrauen von Mathematikern wollen es genau wissen.
Er kommt nach Hause, schenkt seiner Frau einen Strauß Rosen und sagt: «Ich liebe dich!» Sie nimmt die Rosen, haut sie ihm um die Ohren.
Er hätte sagen müssen: «Ich liebe dich und nur dich!»

4. Die Klausur in den Geisteswissenschaften

Ein Zeitplan für die Klausuren in Geistes-, Wirtschafts-, Gesellschaftswissenschaften könnte ungefähr so aussehen:

1. **Planung:** etwa 35 bis 40 Prozent der verfügbaren Zeit

Arbeitsschritte	Zeit
1. Analyse der Arbeitsanweisung	5%
2. Stoff sammeln	20%
3. Gliederung entwerfen	10%–15%

2. **Ausarbeitung:** etwa 50 bis 65 Prozent der verfügbaren Zeit

Schreiben Sie erst den Hauptteil, anschließend die Einleitung, zuletzt den Schluss, den Sie auf die Einleitung abstimmen.

Arbeitsschritte	Zeit
1. Schreiben des Hauptteils	30%–35%
2. Schluss	5%–10%
3. Einleitung	5%
4. Durchlesen, Überprüfen	10%

1. Arbeitsanweisungen analysieren

Nehmen wir eine auf den ersten Blick einfache Themenstellung wie:

«Wir befinden uns im Strukturwandel von der Informationsgesellschaft zur Wissensgesellschaft. Diskutieren Sie diese These!»

In der Themenstellung kommt es auf jedes Wort an. Die wichtigsten Wörter sind die Substantive und die Verben, sowie Hinweise zur Abgrenzung des Themas. Wie gehen Sie vor?

- **Was bedeutet *diskutieren*?**
  In unserem Fall soll man eine These *diskutieren.* Diskutiert werden Themen, die kritisch zu betrachten sind, weil es verschiedene Standpunkte gibt.
- **Was ist eine *These*?**
  Es ist eine Behauptung, die man infrage stellen kann, zu der es ein Für und ein Wider gibt, zu der man eine *Antithese* aufstellen kann (und eventuell auch eine *Synthese* findet) oder persönlich Stellung bezieht. Hier deutet sich bereits eine mögliche Gliederung an.
- **Wie lautet die zu diskutierende These?**
  Das Thema verfehlen Sie, wenn Sie den Schwerpunkt zu sehr auf die Gefahren der einen oder anderen Gesellschaftsform legen oder erst die eine, dann die andere Gesellschaft beschreiben.
  Behauptet wird, dass sich ein *Strukturwandel* zwischen *Informationsgesellschaft* und *Wissensgesellschaft* vollzieht. Ihn sollen Sie diskutieren.

2. Die Verben der Anweisungen verstehen

Wir verlassen kurz das Thema und betrachten einige der typischen Verben, die in den Arbeitsanweisungen immer wieder auftauchen. Diese Verben bestimmen das Vorgehen. In der zweiten Spalte finden Sie mögliche Stichworte zu Arbeitsschritten und zur Gliederung. Es kann sich natürlich nur um Vorschläge handeln, die dem jeweiligen Fach und Thema angepasst werden müssen.

Anweisung	Mögliche Arbeitsschritte und Gliederungen
analysieren untersuchen darstellen	1. Wissenschaftliche Beschreibung *aller* Aspekte 2. Ursachen, Gründe suchen 3. Folgen aufzeigen 4. Lösungsvorschläge ohne persönliche Wertung **Ziel:** Der Leser soll sich ein Urteil bilden können.

aufzeigen	1. Sammeln von Fakten 2. Klassifizierung der Fakten 3. Ziehen von Schlussfolgerungen, die durch Argumente der Fachwelt gestützt werden.
beschreiben	1. Beschreibung des Sachverhalts / Verfahrens 2. Erörterung unter besonderen Aspekten (historisch, geographisch, politisch, medizinisch etc.) **Ziel:** informieren statt argumentieren
beurteilen bewerten würdigen begutachten	1. Sachverhalt / Methode / These analysieren 2. Was spricht dafür? 3. Was spricht dagegen? 4. Geben Sie Ihr Urteil / Ihre Stellungnahme ab. 5. Stützen Sie Ihr Urteil mit Argumenten. **Ziel:** eigene Meinung, Parteinahme
diskutieren, kritisch Stellung nehmen	1. Erläutern Sie die These / Annahme. Skizzieren Sie Hintergrund, Umfeld, Kontext. 2. Was spricht für die These / Annahme? 3. Antithese. Was spricht dagegen? Punkte 2 und 3 können vertauscht werden, je nachdem, ob Sie die These stützen oder verwerfen. **Ziel:** Schwerpunkt auf **3. Punkt** legen
erklären erläutern	1. Darstellung des Sachverhalts / Themas / Zitats in seinem Zusammenhang 2. Beispiele zur Erklärung nutzen 3. Weitere Standpunkte / Aspekte / Interpretationen **Ziel:** objektiv informieren und aufklären
kommentieren interpretieren	1. Sie ordnen ein Zitat / Argument / Vorschlag etc. in seinen Kontext ein. 2. Sie analysieren / erklären den Sachverhalt. 3. Sie führen Argumente / Beispiele / Gründe an, die dafür oder dagegen sprechen. **Ziel:** Sie nehmen Stellung / ergreifen Partei.

Schmunzelpause

Ein Chemiker hängt ein Hufeisen über der Labortür auf. Sein Kollege wundert sich: «Glaubst du, das bringt unserem Projekt Glück?» «Quatsch, ich bin nicht abergläubisch. Aber man sagt, es hilft sogar dann, wenn man nicht daran glaubt.»

3. Stoffsammeln mit der 7-A-Technik

Die Schlüsselwörter sind in der Regel die Substantive, in unserem Beispiel *Informationsgesellschaft* (IG), *Wissensgesellschaft* (WG) und *Strukturwandel* (SW). Wie kommt man von ihnen zu einer Stoffsammlung?

Die sieben Ansatzpunkte	
1. Assoziieren	2. Antonyme suchen
3. Abfragen	4. Aufschließen
5. Ab- und Ausgrenzen	6. Anzweifeln, angreifen
7. Aktivierung des eigenen Wissens	

1. Assoziieren:
   Was fällt Ihnen spontan zu den drei Schlüsselwörtern ein? Notieren Sie Ihre Assoziationen in einer Tabelle oder einem Mind-Map:

1. Informationsgesellschaft	2. Wissensgesellschaft
technologischer Aspekt Mediengesellschaft Informationskonsum Zugang zu / Auswahl von Informationen Gefahr der Manipulation Informationsflut Informationsmüll Informationsozeane eCommerce, eBusiness ...	humaner Aspekt / Autonomie Lerngesellschaft / Schulreform Innovation / Kreativität Verwertung von Informationen lernende Organisationen Wissen als Macht Wissensmanagement Wissen als Wirtschaftsgut Wissensoasen eDemocracy, eGovernment ...

3. Strukturwandel in fast allen Bereichen ...

Schule	Ausbildung
Universität	Arbeitswelt
Politik	Justiz
Industrie und Wirtschaft	

2. Antonyme, Pro und Kontra:

Gewisse Dinge erkennt man erst
durch die Betrachtung des Gegenteils.

Antonyme drücken das (ungefähre) Gegenteil eines Begriffs aus: Information – Desinformation / Wissen – Unwissen / Wandel – Stagnation etc. Mit den Antonymen assoziiert man weiter oder stellt an sie die W-Fragen.

3. Abfragen:
Die W-Fragen sind das wichtigste Werkzeug zur Stofferschließung.

Wer?	**Was?**	**Wie?**	**Warum?**
Wozu?	**Welche?**	**Wann?**	**Wo?**

Was ist Informationsgesellschaft (IG), Wissensgesellschaft (WG)?
Welche Strukturunterschiede bestehen zwischen beiden?
Was ist Strukturwandel (SW)? (Übergang vom *Know-what* zum *Know-how*)
Wer gehört zur IG/WG? *Wer* ist ausgeschlossen?
Welche Konsequenzen hat das für die Gesellschaft?
Warum kann man (nicht) von IG/WG/SW sprechen?
Wie vollzieht sich SW?
Wo, auf welchen Gebieten vollzieht sich SW?
Welche Folgen hat SW auf diesen Gebieten?
Wer wird im Zuge des Wandels auf der Strecke bleiben?
Wie verändert sich das Verhältnis des Bürgers zum Staat?

4. Aufschließen von Schlüsselwörtern:
Es ist eine Form des literarischen Stilmittels der «Besonderung». Ein *Geflügelhof* wirkt anders als ein *Hof*, in dem *Hühner gackern, Enten quaken und Gänse schnattern.*
Durch Aufschließen von Schlüsselwörtern erhält man bei Bedarf eine Vielzahl von Unterbegriffen mit neuen Aspekten. Information durch Medien wird zu Information durch *Buch, Zeitung, Radio, Fernsehen, Internet, Kommunikationstechnologien* mit der jeweils eigenen Problematik.
5. Ab- und ausgrenzen:
Man grenzt die Schlüsselwörter voneinander ab (Was ist der Unterschied zwischen Information und Wissen, zwischen IG und WG?). Man grenzt das Thema auch von Nebenschauplätzen ab, bzw. grenzt gewonnene Schlüsselwörter aus, die nicht zum Kern des Themas gehören.
6. Anzweifeln, angreifen:
Sollte man nicht eher von Industrie-/Dienstleistungsgesellschaft im Gegensatz zur Wissensgesellschaft sprechen? Inwiefern hat der Strukturwandel mit Information und Wissen zu tun? Stimmt die These überhaupt? Sind IG und WG nicht identisch? Gab es nicht zu jeder Zeit eine Wissensgesellschaft?
7. Aktivierung des eigenen Wissens:
Während Sie sich mit der Stoffsammlung beschäftigen, wird sich Ihr Wissen von selbst aktivieren. Sie erinnern sich vielleicht an die Vorlesung oder daran, wie Ihr Professor zu der These steht.

Der Ungebildete sieht überall nur Einzelnes,
der Halbgebildete die Regel,
der Gebildete die Ausnahme. FRANZ GRILLPARZER

5. Gliederungen sind Denkschemata

Klausur, Fachaufsatz, Vortrag und mündliche Prüfung haben eines gemeinsam: Es geht um Kommunikation, um die effektive Vermittlung von Wissen. Der Redner bzw. Verfasser sollte in Kategorien und Schemata denken, die seine Hörer und Leser leicht nachvollziehen können. Welche der sieben Gliederungen kommt für Ihr Fachgebiet infrage?

1. Die lineare Gliederung

Die einfachste Gliederung ist eine Aufzählung von Fakten und Argumenten. Dabei geht man chronologisch vor oder leitet vom weniger Wichtigen zum Wichtigen, vom Besonderen zum Allgemeinen, vom schwachen zum starken Argument über.

2. Die logische Gliederung

Man geht sachlogisch vor nach dem Prinzip «tue nicht den zweiten Schritt vor dem ersten Schritt.»

Schritte	Technik	Geschichte	Geographie
1.	Situation	Hintergrund	Land
2.	Problem	Konflikt	Leute
3.	Lösungsansatz	Kriege	Staat
4.	Ergebnis	Friede	Gesellschaft
5.	Konsequenzen	Neuordnung	Wirtschaft

3. Die dialektische/argumentative Gliederung

1. Problem

2. These
Argument / Pro /
Experte A

↔

3. Antithese
Gegenargument / Kontra
Experte B

4. Synthese
neuer Ansatz / Kompromiss / Wertung / eigene Meinung

Das Problem dieser Gliederung besteht darin, dass These und Antithese oft unvereinbar sind, es also keine Synthese gibt. In diesem Fall steht im 4. Teil Ihre Wertung, Ihr Vorschlag, eine Risikoabwägung oder ein Ausblick auf künftige Maßnahmen.

4. Die vergleichende Gliederung

- Zu vergleichen sind **A** und **B**. Es können Thesen, Systeme, Länder, Landschaften, Verfahren, Maschinen etc. sein.
- Sie sollen die Folgen eines Ereignisses, einer Entwicklung, einer Größenänderung für A und B vergleichen.

Beispiel:
*Vergleichen Sie die Entwicklung des deutschen (**A**) und des finnischen Bildungssystems (**B**) seit 1975 bis zur Jahrtausendwende.*

Wie gehen Sie vor?
Es wäre zu simpel, erst **A** dann **B** abzuhandeln, man soll nicht beschreiben, sondern detailliert vergleichen. Man muss also zuerst Ebenen finden, auf denen die beiden Systeme vergleichbar sind. Solche Vergleichsebenen – sie legen bereits die Gliederung nahe – könnten sein:

1. Bildungspolitik und Bildungsbudgets in den letzten Dekaden
2. Erziehungsziele und Erziehungsstile
3. Situation der Kindertagesstätten, Ausbildung der Betreuer
4. Schulsysteme, Unterrichtsformen, Notengebung, Klassenteiler
5. Universitäten und Hochschulen
6. Lehrerausbildung und Besoldung

5. Die Gliederung nach Gruppen und Gebieten

Sie sollen eine Maßnahme, eine Veränderung, ein Problem diskutieren oder analysieren. Sie betrachten nacheinander die betroffenen Gebiete (Politik, Industrie, Bildung), Disziplinen, Gesellschaftsgruppen, Wirtschaftszweige oder Regionen.
Beispiel «Gesundheitsreform».
Wie würden Sie gliedern? Vielleicht so:

Auswirkungen der Gesundheitsreform auf:

- Personengruppen (Patienten, Ärzte)
- Institutionen (Krankenhäuser, Krankenkassen)
- Wirtschaft und Industrie (Apotheken, Labors, Pharmaindustrie)
- Programme politischer Parteien

6. Die strategische Gliederung

Fachvorträge, Präsentationen, wissenschaftliche Aufsätze – vor allem, wenn Überzeugungsarbeit geleistet werden soll – folgen diesem Schema.

1. Das Problem und seine Auswirkungen
2. Die Ursachen
3. Das angestrebte Ziel
4. Die traditionelle Strategie/das alte Verfahren
   Vorteile/Nachteile
5. Die neue Strategie/das neue Verfahren
   Vorteile/Nachteile
6. Schlussfolgerung, Appell, Resümee

Dieses Gliederungsschema wird oft mit der vergleichenden Gliederung (4.) und der Gliederung nach Gruppen (5.) kombiniert.

7. Die beiden Klassiker: Deduktive und induktive Gliederung

Induktiv	Deduktiv
1. Sammeln von Fakten und Beispielen	1. Gesetz / Regel / These
2. Analysieren, ordnen, kategorisieren	2. Beispiele, Argumente und Beweise stützen die These in der Reihenfolge ihres Gewichts.
3. Schlussfolgerung / Regel / These	

Schmunzelpause

Der zerstreute Professor zu seinem Assistenten:
«Wo steckt denn mein Bleistift?»
«Hinter Ihrem Ohr, Herr Professor!»
Ungehalten entgegnet dieser: «Immer diese ungenauen Antworten! Hinter welchem Ohr denn?»

Aerobic fürs Gehirn (15)

A. Öfter mal was Neues

1. Probieren Sie ein neues Restaurant aus.
2. Setzen Sie sich in der Kantine nicht immer an denselben Tisch.
3. Essen oder trinken Sie zum Frühstück mal etwas anderes.

B. Testen Sie Ihr Gedächtnis

1. Was ist allen Zahlen gemeinsam?
2. Ergänzen Sie die Tabelle.

_ = Tee	_ = Tod	_ = Note	_ = Made	_ = Rad
_ = Latte	_ = Schutt	_ = Kette	_ = Video	_ = Boot

C. Gewinnen Sie eine Innovationsprämie

Die Alten in Deutschland werden immer zahlreicher, und sie sind zahlungskräftig. Wie könnten Supermärkte diesen Kundenkreis durch neue Ideen gewinnen? Finden Sie zu jedem Punkt mindestens drei Verbesserungsvorschläge. Denken Sie bei Ihrem nächsten Einkauf an

- die Probleme der alten Menschen,
- die Wünsche der alten Menschen,
- die Erleichterungen beim Einkauf.

D. Eine Frage der Allgemeinbildung

Ein Baby wiegt 3000 Gramm und soll gebadet werden. Die Badewanne ist leider schon randvoll. Sachte tauchen Sie das Baby in die Wanne. Es entgleitet Ihren Händen, taucht ganz unter – nichts passiert, nur der Boden ist nass.

Wie viele Liter sind etwa übergeschwappt?

V.

16. So meistern Sie die mündliche Prüfung

Es gibt nur wenige Menschen, die ganz lässig und ohne Angst in eine Prüfung gehen. «Ein Leben ohne Angst ist oberflächlich», meinte Karl Jaspers, und so leiden gerade gewissenhafte Studenten am meisten darunter.
Mit der Vorbereitung auf den Ernstfall wird es am Tag der Prüfung bei einem Kribbeln im Bauch bleiben.

Checkliste für Prüfungskandidaten

1. Den Prüfer erkunden
2. Das Terrain sondieren
3. Den Ernstfall proben
4. Die Albträume des Prüfers verstehen
5. Wissen, was der Prüfer hören will
6. Keine Angst vor Blackout und Fadenriss
7. Praktische Prüfungstipps beherzigen
8. Wichtige Lerngesetze beachten

Zeit zum Schmunzeln

Ein Zoologie-Student steht mitten im Examen.
Der Professor deutet auf einen halb bedeckten Käfig, in dem nur die Beine eines Vogels zu sehen sind.
«Wie heißt wohl dieser Vogel hier?»
«Hm ... weiß ich nicht.»
«Wie war doch gleich wieder Ihr Name?»
Da zieht der Student seine Hosenbeine hoch:
«Raten Sie mal!»

1. Den Prüfer erkunden

Angst und Stress empfinden wir, wenn wir uns überfordert fühlen, uns auf unbekanntem Terrain bewegen oder nicht Herr der Lage sind, weil ein Mensch Macht über uns hat. Dagegen lässt sich etwas tun. Um 20 Prozent können Sie das Lampenfieber schon im weiten Vorfeld des Examens verringern und zugleich wertvollen Rat einholen, wenn Sie den Prüfer studieren.

So erkunden Sie Ihren künftigen Prüfer indirekt

Information schadet nur dem, der sie nicht hat. Gibt es einen vernünftigen Grund, seinen Prüfer ein, zwei Semester vor der Prüfung nicht näher kennen zu lernen? Je mehr man von einem Menschen weiß, desto sicherer tritt man ihm gegenüber.

1. Prüfer sind unter anderem auch die Summe ihrer Veröffentlichungen. Machen Sie sich mit der Liste seiner letzten Schriften vertraut. Lernen Sie ihn über seine Spezialgebiete kennen. Der schlaue Kandidat zeigt, dass er die Veröffentlichungen seines Prüfers kennt und zitiert ihn bei passender Gelegenheit. Die wenigsten Menschen sind gegen fachbezogene Anerkennung unempfänglich.
2. Zapfen Sie einige seiner ehemaligen Prüflinge in der Fachschaft an. Fragen Sie nach seinen Prüfungsgewohnheiten. Versuchen Sie es auch bei einem seiner Assistenten.
3. In manchen Fachschaften gibt es eine Sammlung von Prüfungsfragen, die Sie mit der Fragetechnik der Prüfer vertraut macht.

Wie studieren Sie Ihren Prüfer direkt?

1. Sie sitzen in seinen Vorlesungen. Stellt er Fragen, oder leitet er – wie es viele Dozenten tun – neue Abschnitte mit einer rhetorischen Frage ein, die er selber beantwortet? Bitte notieren! Es könnte eine Prüfungsfrage darunter sein.
2. Sie sind in seinen Seminaren und Übungen. Beteiligen Sie sich an den Diskussionen, wann immer sich die Gelegenheit dazu bietet. Dadurch lernen Sie sein Anspruchsniveau und seinen Fragestil kennen. Keine Angst vor Fehlern, aus ihnen lernt man – besser vor der Prüfung als in der Prüfung.

3. Fragen kostet nichts und kann eine lohnende Investition in die Zukunft sein. Natürlich gehen Sie in seine Sprechstunden. Sie bekunden Ihr Interesse durch Fragen über die Vorlesung oder das Seminar. So lernen Sie sich kennen.
4. Ihr Dozent ist gerne bereit, die Prüfungsthemen mit Ihnen abzusprechen. Er ist froh, wenn jemand mit fest umrissenen Vorstellungen in die Sprechstunde kommt; er muss sich ja auch auf die Prüfung vorbereiten.
   Wenn Sie Spezialgebiete wählen dürfen, fragen Sie, ob und wie Sie die Gebiete eingrenzen können oder ob Sie eines zu eng gefasst haben. So gehen Sie sicher mit einer Reihe von Tipps und Lektürevorschlägen aus dem Zimmer. Solche Gespräche sind die halbe Vorbereitung.
5. Fragen Sie, ob Sie sich als Zuhörer in eine der Prüfungen setzen dürfen. Dies ist allerdings nicht an allen Hochschulen möglich.
6. Vielleicht sucht Ihr künftiger Prüfer Studenten als Versuchspersonen oder als Helfer bei Veranstaltungen der Fachschaft – eine einmalige Chance, sich kennen zu lernen.

All dies hat nichts mit «einschleimen» zu tun. Versetzen Sie sich einmal in die Lage der Prüfer an unseren Hochschulen. An ihnen ziehen jedes Semester Hunderte anonymer Studenten vorbei. Das widerspricht ihrem Berufsbild, in dessen Mittelpunkt doch der Lehrauftrag steht. Die meisten Dozenten freuen sich, wenn sie aus der namenlosen Masse wenigstens ein paar ihrer Studenten kennen lernen.

Schmunzelpause

Beliebtheit sollte kein Maßstab für die Wahl von Politikern sein. Wenn es auf die Popularität ankäme, säßen Donald Duck und die Muppets längst im amerikanischen Senat.

ORSON WELLES

2. Das Terrain sondieren

Große Feldherren bestimmten ihr Schlachtfeld selber. Prüfungskandidaten können es nicht wählen, aber anschauen sollten sie es sich schon. Es beruhigt, den Ort der Handlung zu kennen.

1. Erkundigen Sie sich, wo die Prüfungen stattfinden und wie die Sitzordnung ist. Warum nicht dort eine Wiederholungsetappe einlegen? Nutzen Sie den positiven Parkbank-Effekt.
2. Wer ist außer dem Prüfer und dem Protokollanten anwesend?
3. Wenn Sie wie im Abitur eine Vorbereitungszeit erhalten, informieren Sie sich über die Abläufe. Sitzt man mit mehreren Kandidaten zusammen, werden sie einzeln abgeholt, muss man also auf Störungen gefasst sein?

Angst hat man nur vor dem Ungewissen. Wenn Sie das Terrain sondiert haben, den Prüfer kennen und der Prüfer Sie kennt, werden Sie sich gezielter vorbereiten und gelassener in die Prüfung gehen. Vielleicht gibt er Ihnen einige der unten folgenden Ratschläge (S. 193ff.).

3. Auch Prüfer haben Albträume

Was haben Produkte und Prüflinge gemeinsam?
Sie müssen sich möglichst gut verkaufen.

Nehmen wir zum Beispiel Cornflakes. Auf die Verpackung kommt es an. Sie ist für den Erfolg des Produkts wichtiger als der Inhalt und um ein Vielfaches teurer als dieser. Zwar hinkt der Vergleich, dennoch hängt die Prüfungsleistung nicht unwesentlich davon ab, wie sie verpackt und verkauft wird, denn die Bewertung einer mündlichen Leistung ist viel subjektiver als die einer schriftlichen Leistung.

Aus schlechten Beispielen lernt man oft mehr als aus guten Beispielen. Man lächelt, bis die Selbsterkenntnis einsetzt. Was verkauft sich also nicht so gut?

1. **Das Nervenbündel**
   Es ist übervorbereitet, hat trotz Beruhigungsmittel kaum geschlafen, steht eine Stunde vor Termin vor dem Prüfungsraum, fängt die Kandidaten ab, die es hinter sich gebracht haben: «Was hat er gefragt?» Zwecklos, die meisten wissen tatsächlich nicht mehr, was sie gefragt wurden.

   Sie aber nehmen bitte keine Medikamente ein, Sie kommen nicht eine Stunde zu früh, Sie lernen nicht noch in den letzten Minuten aus Ihrem Skriptum, und Sie meiden auch den Kontakt mit anderen Nervenbündeln – die sind ansteckend. Tanken Sie lieber Sauerstoff und entspannen Sie sich (siehe Seite 174). Erfahrene Prüfer gestalten den Einstieg möglichst angstfrei und ermutigen ihre Kandidaten. Lassen Sie sich helfen!

2. **Der Scheuklappenträger**
   Sein Blick ist nach innen gekehrt, und er ist blind für das Feedback vom freundlichen Prüfer.

   Sie aber halten Blickkontakt, achten auf die Körpersprache des Prüfers, mit der er Ihnen helfen will. Nickt er anerkennend, zieht er überrascht die Augenbrauen hoch, sind Sie wohl auf der richtigen Fährte; runzelt er skeptisch die Stirn, dann ziehen Sie sich vorsichtig vom Glatteis zurück.

3. **Der Wasserfall**
   Der Prüfling ist hervorragend vorbereitet, schüttet sein auswendig gelerntes Wissen auf einmal aus, spült über Einwände, Hilfestellungen des Prüfers hinweg und redet an der Frage vorbei. Er wird nervös, wenn der Prüfer ihn energisch unterbrechen muss.

   Sie aber beten nicht die Seiten eines Lehrbuchs herunter, sondern sind ein guter Zuhörer und antworten präzise auf alle Fragen.

4. **Der Wortkarge**
   Der Albtraum jedes Prüfers ist der wortkarge Schweiger, der die Prüfungsatmosphäre mit peinlicher Stille füllt. Er lässt sich die Würmer aus der Nase ziehen und antwortet so kurz und knapp, dass dem Prüfer die Fragen auszugehen drohen.

   Versetzen Sie sich in die Lage eines Prüfers, der mehrere Kandidaten hintereinander zu prüfen hat. Prüfungsfragen und Antworten wiederholen sich, das Gespräch droht für den Prüfer langweilig zu werden. Zeigen Sie, dass Sie in der Lage sind, auf Einwände und Anregungen einzugehen, und nehmen Sie Hilfestellungen an.

5. **Der versiegende Brunnen**
   Der gut vorbereitete Kandidat «redet sich trocken». Die Nervosität lässt den Speichelfluss versiegen, Zunge und Mund werden pelzig, das Sprechen fällt immer schwerer.
   Dem erfahrenen Prüfer ist dieses Phänomen wohl bekannt. Glas und Wasserflasche werden auf Ihrem Tisch stehen. Falls nicht, kann man auch selber etwas dagegen tun, indem man die Seiten der Zunge leicht mit den Zähnen massiert. Das sollten Sie vor der Prüfung üben.

Sie haben sich in keinem der fünf Prüfungstypen erkannt? Seien Sie nicht zu sicher. Es steckt von jedem etwas in uns.

4. Den Ernstfall proben

Schmunzelpause

Neurotische Studenten bauen Luftschlösser.
Psychotische Studenten wohnen darin.
Und die Psychiater kassieren die Miete.

Schriftliche und mündliche Prüfung haben eines gemeinsam: Der Stoff muss «sitzen». Darüber hinaus hat die mündliche Prüfung ihre ganz eigenen Gesetze. Dies sollte man bei der Vorbereitung berücksichtigen. Und sie hat gegenüber dem schriftlichen Examen den Vorteil, dass man sie simulieren kann.

Selbstabfrage

Sie haben sich in einem ersten Schritt über Ihre Fragekärtchen abgefragt. Verfremden Sie die Situation in einem zweiten Schritt, indem Sie die Fragen laut, am besten vor einem Spiegel beantworten.

Ein «geduldiges Ohr» finden

Nun suchen Sie sich Zuhörer, denen Sie von Ihrem Spezialgebiet erzählen können: dem Freund, der Freundin oder der strickenden Großmutter. Beantworten Sie Zwischenfragen und erklären Sie geduldig, was Ihr Zuhörer nicht versteht. Ich kenne einige Studenten, die sich auf diese Weise vorbereitet und Bestnoten erzielt haben.

Perspektivenwechsel

> *Unser Kopf ist rund, damit das Denken*
> *die Richtung wechseln kann.* FRANCIS PICABIA

Stellen Sie sich auf das Publikum ein. Sie sind in der Rolle des Erzählers und Lehrers, der unterschiedlichen Anspruchsniveaus gerecht werden muss. Wenn es der Stoff erlaubt, erzählen Sie der Großmutter aus der Perspektive des Unterhalters, dem Lernpartner aus der Perspektive des Fachmanns, dem Freund unter dem Aspekt der Bedeutung für die Gesellschaft, für die Politik oder die Zukunft.

Dabei lernen Sie flüssig über Themen zu sprechen, die nicht Gegenstand von Alltagsgesprächen sind. Es wird Ihnen bewusst, was Sie selber noch nicht verstanden haben. Natürlich ist Ihr Zuhörer meist kein Experte, der Sie korrigieren oder Ihnen widersprechen kann.

Mangels Zuhörer können Sie diesen Wechsel der Perspektive auch in der Vorstellung durchführen. Die mentale Vorbereitung im Kopf (siehe Seite 130ff.) ist allerdings nur zweite Wahl.

5. Simulation in der Lerngruppe

In vielen Studiengängen gibt es nach acht bis zehn Semestern die erste und entscheidende mündliche Prüfung. Sie mögen hervorragend vorbereitet sein, sind aber auf die Besonderheiten und Unwägbarkeiten einer Situation, bei der es auch auf das Verhalten ankommt, nicht vorbereitet worden. Das verunsichert viele Studenten, zumal wenn sie nicht über das angeborene Talent eines guten Kommunikators verfügen. Auf die mündliche Prüfung bereitet man sich mündlich vor. Das wird oft vergessen. In der Gruppe lassen sich verschiedene Prüfungssituationen simulieren. Jeder ist einmal Kandidat und wird von zwei Probeprüfern auf Herz und Nieren geprüft, wobei der erste den weichen, helfenden Prüfer, der zweite den harten Prüfer spielt. Nur so erhält man die nötige Rückmeldung, um seinen Auftritt zu verbessern.

Die Simulation von Prüfungen hat einen Nachteil: Der Probekandidat kann sich selbst nicht beobachten. Aber man kann heute etwas dagegen tun. Nehmen Sie einige Probeprüfungen mit der Videokamera auf und analysieren Sie, was an den Auftritten gut und weniger gut war. Sie hören und sehen, wie Sie sich in einer Prüfung «verkaufen» würden und können auch Ihre Körpersprache optimieren.

Schmunzelpause

Medizin-Studium, mündliche Prüfung, der Professor stellt der Studentin die letzte Frage: «Welcher Teil des Menschen weitet sich bei Erregung um das Dreifache?»
Die Studentin läuft rot an und beginnt zu stottern.
Der Professor unterbricht: «Sie sind auf der falschen Spur, es ist die Pupille. Kommen Sie nächstes Semester wieder. Und noch etwas: Gehen Sie nicht mit allzu großen Erwartungen in die Ehe!»

1. Was will der Prüfer hören?

Haben Sie Verständnis für den Prüfer. Er hat vielleicht den ganzen Tag im 30-Minuten-Rhythmus einen aufgeregten Kandidaten vor sich, aus dem er das Beste herausholen will. Er muss immer wieder Fragen stellen, zu denen er die Antworten bereits kennt. Er will, dass Sie kritisch mitdenken, dass Sie auf Argumente Gegenargumente bringen, dass Sie mit einer eigenen Meinung und eigenen Beispielen kommen. Er erwartet nicht das Detail, sondern den Zusammenhang, nicht die Jahreszahl, sondern die Motive, Ursachen und Folgen, nicht das Auswendiggelernte, sondern die Transferleistung. Er wird Sie vielleicht einen Prozess rückentwickeln lassen, er wird in Geschichte nach Parallelen, Beispielen und persönlicher Stellungnahme fragen, in Maschinenbau nach Anwendungsmöglichkeiten, nach den Folgen einer Änderung von Größen, eines Austauschs der Energiequelle oder Weglassens einer Komponente. Das sollte man bei der Vorbereitung berücksichtigen und in der Lerngruppe üben.

Ein guter Prüfer wird offene Fragen stellen, auf die es mehrere Antworten gibt und die es dem Prüfling erlauben, dem Gespräch eine Richtung zu geben. Geschickte Prüflinge spielen dem Prüfer Bälle zu, indem sie im Schlusssatz ihrer Antwort auf Probleme verweisen, zu denen sie sehr genau die Lösungen kennen. Der wohlwollende Prüfer – und davon gibt es viel mehr, als Sie vielleicht denken – versteht sich als Partner und wird den Ball zurück in Ihr Feld spielen.

2. Wissen ist nicht alles, man muss flexibel sein

Die mündlichen Kandidaten sind erfahrungsgemäß bestens vorbereitet, und sie schneiden gut ab, wenn sie den Stoff in der Reihenfolge wiedergeben dürfen, in der sie ihn gelernt haben. In einer mündlichen Prüfung kann man jedoch nur selten Vorträge halten. Unterbricht der Prüfer, um von einem Bereich zum anderen zu springen, geraten viele Kandidaten ins Stolpern. Sie können sich nicht schnell genug aus dem starren Korsett der Reihenfolge befreien, in der sie sich den Stoff eingeprägt haben. Am Besten legt man dieses Korsett gar nicht erst an.

Für die mündliche Prüfung wiederholt man den Stoff in verschiedener Reihenfolge. Das macht fit für das «Themen-Hüpfen». Es fällt Ihnen umso leichter, als Sie Ihre Notizen professionell angelegt haben, nämlich auf den verschiedenen Kartentypen. Sie können nicht nur den Stoff isolieren, den Sie noch nicht beherrschen, Sie können auch Ihre Karten mischen und sich selbst durcheinander abfragen, besser noch sich von einem Leidensgenossen abfragen lassen.

In einer Prüfung mit Vorbereitungszeit legen Sie Ihre Notizen nicht fortlaufend, sondern als Mind-Map an. Dies erleichtert das Springen von Aspekt zu Aspekt. Auch wenn Sie Ihre Aufzeichnungen nicht ablesen dürfen, ist das großflächig angelegte Mind-Map eine visuelle Erinnerungsstütze, auf die man – zum Beispiel im mündlichen Abitur – unauffällig schielen kann.

Schmunzelpause

«Professor Müller führt in der Vorlesung Selbstgespräche. Macht er das bei euch auch?»
«Ja, aber er merkt es nicht. Er glaubt, wir hören zu.»

3. Wie gewinnen Sie Bedenkzeit?

In der schriftlichen Prüfung haben Sie Zeit zum Nachdenken. Sie können Fragestellungen mehrmals langsam lesen, Stichpunkte sammeln und die Arbeit gliedern.

In der mündlichen Prüfung sitzen Sie Auge in Auge mit der Prüfungskommission und müssen auf Fragen schnell reagieren. Viele Kandidaten haben unnötigerweise Angst vor der peinlichen Stille, die zwischen Frage und Antwort verstreichen könnte.

Dennoch, erst denken, dann sprechen. Antworten Sie nicht wie aus der Pistole geschossen, es könnte sein, dass Sie auf dem falschen Fuß starten. Erst einatmen, ausatmen, dann antworten. Sie dürfen sich ruhig fünf Sekunden Zeit nehmen, um die Frage zu überdenken – und fünf Sekunden sind eine lange Zeit.

Dann beginnen Sie nicht mit den Details, den Feinheiten, sondern mit dem Allgemeinen und gehen zum Besonderen über. Der Könner gibt vorher einen kurzen Überblick über die Gliederung seiner Antwort. Denken Sie ruhig laut: *«Lassen Sie mich überlegen ... das Bose-Einstein-Kondensat ... das hat doch etwas mit ultrakalten Atomwolken zu tun ...»* Sie beziehen den Prüfer in Ihre Überlegungen mit ein und geben ihm Gelegenheit, mit einem Denkanstoß zu helfen.

4. Den Blackout meistern

Sie kennen die Situation vielleicht von «Wetten dass?» – «Zu Hause habe ich alles noch gewusst.» Eltern und Lehrer haben diese Sätze oft gehört.

Vor Blackouts ist niemand absolut sicher, doch in der mündlichen Prüfung ist die Angst vor dem Blackout unbegründet. Bei Metzig und Schuster kann man lesen: «Die Autoren haben, zusammen mit anderen Kolleginnen und Kollegen im Verlauf von 20 Jahren ca. 5000 Prüfungen durchgeführt und in Seminaren unzählige Referate und Vorträge gehört. Nur ein einziges Mal kam es zu dem viel gefürchteten totalen Blackout[1].»

Häufiger kommt es vor, dass ein Prüfling den Faden verliert. Der Fadenriss ist jedem Prüfer selber schon passiert. Geben Sie es einfach zu: *«Jetzt ist mir entfallen, was ich sagen wollte.»* Jeder erfahrene Prüfer wird Ihnen Ihr Stichwort geben. Aber sagen Sie nicht «Vor zehn Minuten habe ich es noch gewusst.»

1 Metzig, W., Schuster, M. (1998), S. 228

Keine Angst vor dem Fadenriss

- **Tipp 1:** Kein Prüfer wird es Ihnen verübeln, wenn Sie ihn bitten, die Frage noch einmal zu wiederholen. Prüfer haben die Nöte des Prüflings am eigenen Leib erfahren, und die überwiegende Mehrheit unter ihnen wird Verständnis für Sie haben.
- **Tipp 2:** Versuchen Sie die Frage zu umschreiben, und das Entfallene wird Ihnen wieder einfallen. Dadurch gewinnen Sie Zeit. Außerdem pirschen Sie sich durch das Assoziieren an den Abrufmechanismus heran, der die Schublade öffnet.
- **Tipp 3:** Weitere wertvolle Sekunden gewinnen Sie, wenn Sie die Frage als Einleitung zu Ihrer Antwort umformulieren.
  Frage: *«Inwiefern haben die Enzyklopädisten die Französische Revolution mit vorbereitet?»*
  Sie beginnen nicht mit erstens, zweitens, drittens, sondern sagen ruhig *«Die französischen Enzyklopädisten haben die Französische Revolution in mehrfacher Weise vorbereitet …»*
  Die Umformulierung ist eine Art Abrufmechanismus. Mit ein bisschen Glück gibt sie den Synapsen die Zeit, um zu feuern.
- **Tipp 4:** Auch Prüfer drücken sich mitunter unpräzise aus. Sie gewinnen Zeit, wenn Sie eine der durchaus zulässigen Gegenfragen stellen: *«Wenn ich Sie richtig verstanden habe, zielt Ihre Frage auf die Rolle der Aufklärung als Vorbereiter der Revolution ab?»* Sie erhalten bestimmt verbales oder nonverbales Feedback. Wenn der Prüfer Verständnis hat, können Sie gleich über die Aufklärung weiter sprechen, wenn Sie die Namen der Enzyklopädisten nicht parat haben.

Schmunzelpause

«Kennen wir uns nicht?», fragt der Professor den nervösen Examenskandidaten.
«Ja, vom Examen im letzten Semester.»
«Ach so, ja. Wie lautete denn damals meine erste Frage?»
«Kennen wir uns nicht?»

Aerobic fürs Gehirn (16)

Hier noch einmal ein Kreuzfeuer für Ihre Synapsen.
Wie schnell können Sie umschalten?

A. Sie haben eine Minute.

1. Ergänzen Sie die Redensarten:
   Die Flinte ... Des Pudels ... Pünktlichkeit ...
2. Etwas für Schnelldenker:
   Wie oft kommt die Ziffer **3** in den Zahlen **1 – 100** vor? ________
3. Wer ist der dritte Mann?
   Lehrer / Schüler – Meister / ________
4. Meiers haben sechs Töchter. Jede Tochter hat einen Bruder.
   Wie viele Kinder haben die Meiers?
5. Wie lautet Pauls Telefonnummer?
   Mum**i**e fährt **Rad** im **Meer** = __-__-__
   Tipp: 4 = **R**eh. Das **r** in den Merkwörtern steht für die **4**.

B. Sie haben 30 Sekunden

Welches gemixte Wort hat nichts mit Lernen zu tun?

NENLAP
NUSEPA
NENIZOT
NERIENALF
NEREDEWOHIL

C. Das klassische Rätsel

Die Sphinx stellte Ödipus einst dieses Rätsel:
Was geht am Morgen auf vier Beinen, am Mittag auf zwei Beinen, am Abend auf drei Beinen?

V.

17. Rückblick und Ausblick

Gratuliere! Sie haben durchgehalten und dieses Buch von Anfang bis Ende gelesen. Sie gehören also nicht zu den jungen und alten Analphabeten des 21. Jahrhunderts, die weder lernen noch umlernen können. Sie bringen offenbar die Voraussetzungen mit, sich den rasanten Veränderungen in unserer Gesellschaft durch lebenslanges Lernen anzupassen.

Vielleicht hatten Sie ein ganz bestimmtes Leseziel und deshalb einige Kapitel übersprungen. Das ist in Ordnung.

Vielleicht haben Sie das Buch kritisch gelesen, nehmen manche Vorschläge an und lehnen andere ab.

Vielleicht haben Sie bei der Lektüre für Sie besser geeignete Methoden und Techniken entdeckt.

Wie dem auch sei, Sie haben das getan, was mit das Wichtigste beim Lernen ist und bisher auf keiner Seite ausdrücklich erwähnt wurde. Sie haben über Ihr Lernen nachgedacht. Die Reflexion über das eigene Lernen sollte immer als letzter Schritt am Ende einer längeren Lernetappe stehen.

- Was war gut? Warum?
- Was hätte besser sein können? Warum?
- Wie mache ich es das nächste Mal besser?

Nachdenken über die eigenen Lerngewohnheiten und Lernerfahrungen ist zugleich der erste Schritt auf dem Weg zum nächsten Erfolg.

Erinnern Sie sich? Die Fähigkeit zur Selbsterfahrung, zur kritischen Bewertung der eigenen Leistungen und des eigenen Verhaltens ist ein Zeichen von intrapersonaler Intelligenz. Gute Lerner denken darüber nach, wie sie lernen, wo ihre Stärken und Schwächen liegen und was sie verbessern können.

Zum Schluss möchte ich Ihnen noch etwas zum Nachdenken mit auf den Weg geben.

Die wichtigsten LERNgesetze

1. Du lernst nur, was du lernen willst.
2. Das Lernen-Wollen kannst du lernen.
3. Gut geplant ist halb gelernt.
4. Der Anfang ist die Hälfte des Ganzen. Tue den ersten Schritt!
5. Lernzeit = Arbeitszeit + Pausenzeiten + Schlafarbeit
6. Nachhaltig lernst du nur, was du be- und verarbeitest.
7. Lerne nicht einkanalig, sondern mehrkanalig.
8. Lerne auch mit dem sechsten Sinn, dem Gefühl.
9. Du lernst und vergisst.
10. Du behältst nur das, was du wiederholst.
11. Du behältst nur das, was du zur *rechten* Zeit wiederholst.
12. Nicht alles auf einmal, sondern gestaffelt wiederholen.
    Nicht klotzen, sondern kleckern.
13. Deine Notizen sind wie Kaffeebohnen.
    Vor dem Genuss steht die Zubereitung.
14. Deine Mitschriften haben ein Verfallsdatum. Lässt du sie liegen, werden sie unbrauchbar.
15. Am Tag vor der Prüfung muss die Arbeit ruhen.

Lernen ist wie Rudern gegen den Strom,
Wer aufhört treibt zurück. BENJAMIN BRITTEN

Wenn Sie darüber nachdenken, werden Sie garantiert besser lernen.

Anhang

Aerobic fürs Gehirn – Lösungen

Eine kleine Lektüreliste für Lernhungrige

Verwendete Literatur

Index

Was es alles gibt, das ich nicht brauche!

ARISTOTELES

1. Kapitel

B. So kommt der Gehirnschmalz in Fluss!

> Lernen tut nur, wer will.
> Das Lernen-Wollen kann man lernen.

C. Die Kopfnuss

Entfernen Sie zwei Hölzer so, dass zwei Quadrate entstehen.
Es gibt mehrere Lösungen.

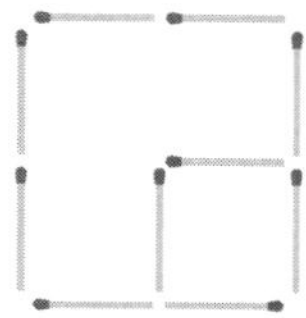

2. Kapitel

A. So kommt der Gehirnschmalz in Fluss!

> Der Mensch lernt und vergisst.
> Wir behalten nur das, was wir wiederholen.

C. Probleme kreativ lösen

Setzen Sie die Buchstabenreihe über und unter dem Strich so fort, dass es einen Sinn macht. Es gibt ein Dutzend logischer Lösungen, nach dem Gesetz der Reihe, nach Buchstabenform, nach Klang u.s.w.

A EF HIJ	A EF KLM	oben mit Querbalken
BCD G KL	BCD GHIJ	unten ohne Querbalken

3. Kapitel

A. So kommt der Gehirnschmalz in Fluss!

> Wir behalten nur, was wir
> zur *rechten* Zeit wiederholen.

C. Ihr sprachliches Denken ist gefordert:

1. **A.** Der Apfel fällt nicht weit vom Stamm.
   B. Man soll das Pferd nicht von hinten aufzäumen.
   C. Einmal ist keinmal.

2. Welche zwei Wörter fehlen?
   Aus dem Leim gehen *Auf den* Leim gehen
3. Finden Sie drei zusammengesetzte Substantive, deren zweiter Teil *Zug* ist.
   Luftzug, Vogelzug, Umzug, Schachzug, Schnellzug, Rückzug

D. Die Kopfnuss

An den Ecken eines quadratischen Spielfeldes stehen vier Flutlichtmasten. Die Spielfeldfläche soll so verdoppelt werden, dass die Masten außerhalb stehen und nicht versetzt werden müssen.

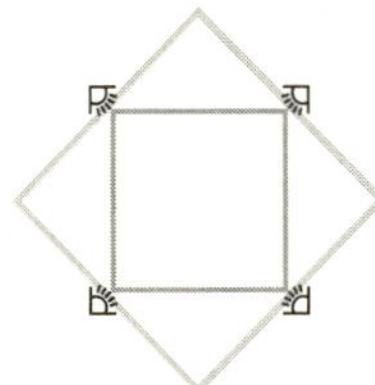

4. Kapitel

A. So kommt der Gehirnschmalz in Fluss!

Nicht massiert wiederholen,
sondern in Intervallen wiederholen.

C. Die Kopfnuss

Der Trick besteht darin, dass wir Aufstieg und Abstieg an einem Tag geschehen lassen und deshalb zwei Mönche nehmen. Mönch A steigt um 7 Uhr auf, Mönch B steigt um 7 Uhr ab. Wenn sie den gleichen Weg nehmen, müssen sie sich ein einem Punkt begegnen.

5. Kapitel

C. Die Kopfnuss

Zwischen den 12 Masten gibt es 11 Abstände von je 3 Metern. Die Entfernung zwischen Anfangs- und Endmast beträgt 11x3 = 33 Meter.

6. Kapitel

C. Ihr sprachliches Denken ist gefordert:

1. Lehrstuhl, Heiliger Stuhl, Stuhlgang
2. Den folgenden Wörtern fehlen genau dieselben drei Buchstaben.
   W**and** St**and** Br**and** Pf**and**

D. Probleme lösen

1. Bestimmen Sie den nächsten Buchstaben in der folgenden Reihe:
   A E A G A I A [K]
   Beginnend mit **E** überspringen Sie jeweils einen Buchstaben des Alphabets.
2. Welche Zahl fehlt in **B**? **A:** 16 **8** 24
   B: 14 [7] 21
   Lösungswege:
   1. 16 + 24 = 40 und 40 = 5 x **8** — 14 + 21= 35 und 35 = 5 x **7**
   2. 16 = 2 x 8 und 24 = 3 x **8** — 14 = 2 x **7** und 21 = 3 x *7*

7. Kapitel

A. Wie schnell können Sie umschalten?

1. Vorsicht ist besser als Nachsicht.
2. Welches ist die nächste Zahl? 7 **13** 11 **17** 15 [**21**]
   Im Wechsel (+ 6) und (– 2) addieren: (7 + 6 = 13, 13 – 2 = 11 ...)
3. Die Wörter werden durch das fehlende Wort in Klammern ergänzt
   LANG-(-FINGER-)-ABDRUCK
4. Welche zwei Buchstaben folgen?
   H I G J F [K] [E]
   Beginnend mit **H** geht man im Alphabet abwechselnd einen Buchstaben weiter bzw. von **G** einen zurück.
5. Wie heißt der Baum? **(Buch) + E = Buche**
6. Welches Tier gehört nicht dazu? Hecht Hai Forelle **Wal**
   (Wal ist kein Fisch)
7. Legen Sie die fünf Streichhölzer so, dass sie die Ziffer 8 ergeben: **VIII**

C. Die Kopfnuss

Wenn jede der 20 Damen sich selber küssen würde, wären es 20 x 20 = 400 Wangenküsschen. Da sie dies sicher nicht können, sind es nur 380 Küsschen.

9. Kapitel

B. Die Kopfnuss

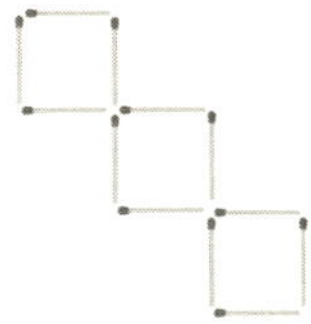

Verschieben Sie vier Hölzer so,
dass drei Quadrate entstehen.

B. Probleme lösen durch Querdenken

Oma lässt den Enkel auf dem Teppich, nimmt Stuhl und Strickzeug, setzt sich selber in den Laufstall und kann so in Ruhe stricken. Sie ist eine kreative Querdenkerin.

C. Auf dem Weg zum Gedächtniskünstler (II)

23 = Name	28 = Neffe	24 = Niere	25 = Nil	26 = Nische
22 = Nonne	29 = Noppe	21 = Note	27 = oNKo	30 = MauS

Wir merken uns die Zahlen aber in der richtigen Reihenfolge:

21 = Note	22 = Nonne	23 = Name	24 = Niere	25 = Nil
26 = Nische	27 = oNKo	28 = Neffe	29 = Noppe	30 = MauS

Taube, **Nonne** und **Maus** sitzen in **Nische** vom **Dom** = 19.22.30.26.13
Bildhaftes Einprägen: Die Bilder sollten sich überlappen oder berühren. Dies verhindert, dass man die Merkwörter vertauscht.

10. Kapitel

A. Am Anfang war der Hocker

1. Viele Verbesserungen haben vom Hocker zu den modernen Sitzmöbeln des 21. Jahrhunderts geführt.
   Armlehnen, Rückenlehnen, Polsterung, höhenverstellbarer Sitz, Fußstützen etc.
2. Nennen Sie mindestens sechs Sitzgelegenheiten, die ganz spezifischen Anforderungen genügen.
   Rollstuhl, Schaukelstuhl, Bürostuhl, Fernsehsessel, Liegestuhl, Klostuhl, Beichtstuhl.
3. Zähneputzen lernt man als Kind. Man fand heraus, dass Kinderhände mit dem dünnen Schaft der Zahnbürste nicht gut umgehen konnten. Deshalb entwickelte man einen dicken runden, oft genoppten Schaft. Die Hersteller von Nassrasierern sind dem Beispiel gefolgt.

4. Was hat man sich nach und nach für den Einkaufswagen der Supermärkte einfallen lassen?
Kindersitz, Haken für Einkaufstasche, Ablage für Handtasche, Ebene für Bierkästen, Depot für Wagen mit Chips oder Münzen, verbesserte Steuerung; kleine Einkaufswagen für Kinder.

B. Auf dem Weg zum Gedächtniskünstler (III)

Taube, **Nonne** und **Maus** sitzen in **Nische** vom **Dom** = 19.22.30.26.13
Der **Neffe** der **Nonne** wirft **Rose** ins **Meer** = 28.22.40.34
Maus frisst **Teer** mit **Mohn** aus der **Dose** = 30.14.32.10

11. Kapitel

B. Auf dem Weg zum Gedächtniskünstler (IV)

Erinnern Sie sich?
Der **Neffe** der **Nonne** wirft **Rose** ins **Meer** = 28.22.40.34
Warum ist 43 = **Raum**? Weil **R** (**R**eh) = **4** und **M** (3 Striche) = **3** ist.
Warum ist 58 = **Lava**? Weil **L** = 5 und **F/V** = **8**.

12. Kapitel

A. Die Kopfnuss

Legen Sie vier Hölzer so um, dass zwei Quadrate entstehen, die sich nicht berühren.

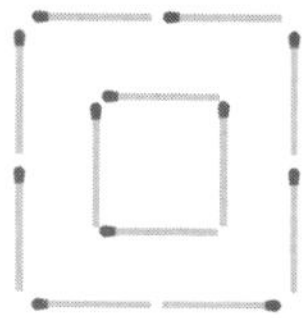

B. Das Wunder der Zahlen

1 mal 1 =	1
11 mal 11 =	121
111 mal 111 =	12321
1111 mal 1111 =	1234321
1. 11. 11 mal 1. 11. 11 =	123454321
11. 11. 11 mal 11. 11. 11 =	12345654321
1. 11. 11.11 mal 1. 11. 11.11 =	1234567654321

D. Auf dem Weg zum Gedächtniskünstler (V)

Mumie im **Rausch** fängt **Lamm** mit **Lasso** = 33.46.53.50
Ergänzen Sie.
Lore zahlt **Mohn** und **RocK** mit **Scheck** an der **KaSse** = 54.32.47.67.70
Das **Raum-Schiff** fährt aufs **Riff** im **Dock** = 43.68.48.17

13. Kapitel

A. Die Kopfnuss: Das Rätsel des verschwundenen Euros

Das Problem entsteht, weil nicht die Gäste, sondern das Zimmermädchen das Wechselgeld bekommen hat.
So stimmt die Rechnung: Das Zimmer kostet 25 Euro. Mehr haben die Gäste auch nicht dafür bezahlt. Von den erstatteten 5 Euro gehen 2 Euro an das Zimmermädchen und 3 Euro an die Gäste: 30 = 25 + 2 + 3.

B. Auf dem Weg zum Gedächtniskünstler (V)

55.40.10.16.3 = **Lilie** und **Rose** in der **Dose** auf dem **Tisch** der **Oma**
77.63.34.55 = **Küken** spielt im **Schaum** des **Meeres** mit **Lilien**
54.46.36.47 = **Lore** verliert im **Rausch** den **Maschen-Rock**
11.69.31.61.13 = **Tod** den **Schaben** und **Maden** im **Schutt** des **Doms**

C. Erkennen Sie das Muster? Welche Zahl passt nicht dazu?

48	4	88	52	8	20	[6]	64	6	ist nicht durch 4 teilbar
21	9	15	42	6	33	[52]	12	52	ist nicht durch 3 teilbar

14. Kapitel

A. Die Kopfnuss

Der Ruderer braucht 13 Stunden (D).
In zwei Stunden legt er 400 – 300 = 100 Meter zurück, also benötigt er für 600 Meter 6x2 Stunden = 12 Stunden. Die restlichen 400 Meter hat er in der 13. Stunde geschafft.

B. Der letzte Schritt zum Gedächtniskünstler (VI)

Lore hat eine **Kette** in der **Nase** = 54.71.20
Vicky sitzt im **Laub-Baum** mit **Fiffi** und **Lore** = 87.59.93.88.54
Das **Schiff** auf dem **Nil** hat **Schutt** und **Teer** geladen = 68.25.61.14

C. Das Magische Quadrat.
Eine der möglichen Lösungen:

2	7	6
9	5	1
4	3	8

15. Kapitel

B. Testen Sie Ihr Gedächtnis

1 = Tee	11 = Tod	21 = Note	31 = Made	41 = Rad
51 = Latte	61 = Schutt	71 = Kette	81 = Video	91 = Boot

D. Eine Frage der Allgemeinbildung.

Das Baby wiegt 3 Kilo und verdrängt 3 Liter.

16. Kapitel

A. Sie haben eine Minute Zeit.

1. Ergänzen Sie die Redensarten:
   Die Flinte ins Korn werfen
   Des Pudels Kern
   Pünktlichkeit ist die Höflichkeit der Könige
2. Etwas für Schnelldenker:
   Wie oft kommt die Ziffer 3 in den Zahlen 1–100 vor? 19 mal
   10 mal in jedem Zehner und 9 mal von 31–39.
3. Wer ist der dritte Mann?
   Lehrer / Schüler – Meister / Lehrling (Jünger) / Azubi
4. Meiers haben sieben Kinder.
5. Wie lautet Pauls Telefonnummer?
   Mu**m**ie fährt **Rad** im **Meer** = 33.41.34

B. Sie haben 30 Sekunden

Welches gemixte Wort hat nichts mit Lernen zu tun?
NERIENALF = FLANIEREN

C. Das klassische Rätsel

Das Baby krabbelt auf vier Beinen, am Mittag des Lebens geht der Mensch auf zwei Beinen und am Abend des Lebens am Stock, also auf drei Beinen.

Eine kleine Lektüreliste für Lernhungrige

Baddley, A.D. (1998), So denkt der Mensch. Unser Gedächtnis und wie es funktioniert. Knaur, München

Chevalier, B. (2004), Effektives Lernen. Mehr Textverständnis, Bessere Arbeitsorganisation, Prüfungen erfolgreich bestehen. Eichborn, Frankfurt

Enzensberger, H.M. (1999), Der Zahlenteufel. Ein Kopfkissenbuch für alle die Angst vor der Mathematik haben. dtv, München

Hüholdt, J. (1992), Wunderland des Lernens. Lernbiologie, Lernmethodik, Lerntechnik. Studienkreis, Bochum

Kleinschroth, R. (2003), Sprachen lernen. Der Schlüssel zur richtigen Technik. Rowohlt, Reinbek

Metzig, W., Schuster, M. (1998), Lernen zu lernen. Springer, Berlin

Münchhausen, M. von (2002), So zähmen Sie Ihren inneren Schweinehund! Vom ärgsten Feind zum besten Freund. Campus Verlag, Frankfurt

Schuster, M. (2001), Für Prüfungen lernen. Strategien zur optimalen Prüfungsvorbereitung. Hogrefe, Göttingen

Vester, F. (1978), Denken, Lernen, Vergessen. dtv, München

Für alle, die Sprachen unterrichten

Butzkamm, W. (2004), Lust zum Lehren, Lust zum Lernen. Eine neue Methodik für den Fremdsprachenunterricht. Francke, Tübingen

Verwendete Literatur

Adam, J. (2004), Think. Einfach genial denken lernen. Econ, München
Baddley, A. D.(1998), So denkt der Mensch. Unser Gedächtnis und wie es funktioniert. Knaur, München
Beyer, G. (1987), Mehr lernen und leisten ohne Stress. Fulda
Birkenbiehl, V. (1993), Stroh im Kopf – oder Gebrauchsanweisung fürs Gehirn. mvg, München
Butzkamm, W. (2004), Lust zum Lehren, Lust zum Lernen. Eine neue Methodik für den Fremdsprachenunterricht. Francke, Tübingen
Butzkamm, W. (2002), Pycholinguistik des Fremdsprachenunterrichts. Von der Muttersprache zur Fremdsprache. Francke, Tübingen
Cahill, L., McGaugh, J.L. (1998), «Mechanisms of emotional arousal and lasting declarative memory», in: Trends in Neurosciences 21
Chevalier, B. (2002), Fit fürs Examen. Eichborn, Frankfurt
Chevalier, B. (2004), Effektives Lernen. Mehr Textverständnis, Bessere Arbeitsorganisation, Prüfungen erfolgreich bestehen. Eichborn, Frankfurt
Corballis, M. (1996), The Lopsided Ape: Evolution of the Generative Mind. Oxford University Press, London
Emlein, G., Kasper, W.A. (2002), Flächenlesen. Die Vielfalt der Schnell-Lesetechniken optimal nutzen. VAK, Kirchzarten
Emlein, G., Kasper, W.A. (2003), Querdenken. Tools und Techniken für kreative Kicks. VAK, Kirchzarten
Endres, W., et al. (1989), So macht Lernen Spaß. Beltz, Weinheim
Enzensberger, H.M. (1999), Der Zahlenteufel. Ein Kopfkissenbuch für alle die Angst vor der Mathematik haben. dtv, München
Gardner, H. (1993), Frames of Mind. Fontana Press, London
Gazzaniga, M. (1998), «The Split Brain Revisited», in: Scientific American
Goleman, D. (1995), Emotional Quality. Bantam, New York
Grotian, K., Beelich, K-H. (1999), Lernen selbst managen. Effektive Methoden und Techniken für Studium und Praxis. Springer, Heidelberg
Hertlein, M. (2004), Mind-Mapping. Die kreative Arbeitstechnik. Rowohlt, Reinbek
Hierhold, E. (1990), Sicher präsentieren, wirksamer vortragen. Ueberreuter, Wien

Hüholdt, J. (1992), Wunderland des Lernens. Lernbiologie, Lernmethodik, Lerntechnik. Studienkreis, Bochum

Hürlimann W. (1981), Methodenkatalog. Ein systematisches Inventar von über 3000 Problemlösungsmethoden. Langen, Bern

Jopt, U.-J. (1988), Schlechte Schüler – Faule Schüler? Econ, München

Keller, G. (1994), Der Lernknigge für Jugendliche und junge Erwachsene. Bock, Bad Honnef

Klaner, A. (1997), Richtiges Lernen für Jurastudenten und Rechtsreferendare. Spitz, Berlin

Kleinschroth, R. (2003), Sprachen lernen. Der Schlüssel zur richtigen Technik. Rowohlt, Reinbek

Kossak, H.-Ch. (1995), Studium und Prüfungen besser bewältigen: neue Wege, mit Lern- und Leistungsproblemen in Schule und Studium umzugehen. Medizin-Verlag, München

Kroll, S. (2003), Richtig lernen. Tipps und Lernstrategien für die Oberstufe. Stark, Freising

Lehrl, S. et al. (1992), Gehirn-Jogging. Mediteg, Wehrheim

Leitner, S. (1972), So lernt man lernen. Herder, Freiburg

Lozanov, G. (1978), Suggestology and Outlines of Suggestopedy. Gordon & Breach

McGaugh, J.L. (2003), Memory and Emotion: The Making of Lasting Memories. Columbia University Press, New York

Metzig, W., Schuster, M. (1998), Lernen zu lernen. Springer, Berlin

Münchhausen, M. von (2002), So zähmen Sie Ihren inneren Schweinehund! Vom ärgsten Feind zum besten Freund. Campus Verlag, Frankfurt

Niggemann, W. (1979), Praxis der Erwachsenenbildung. Herder, Freiburg

Ornstein, R. (1997), The Right Mind: Making Sense of the Hemispheres. Harcourt Brace and Company, New York

Polya, G. (1980), Schule des Denkens. Vom Lösen mathematischer Probleme. Sammlung Dalp Band 36. Francke, München

Powell, D. H., The Nine Myths of Aging. Maximizing the Quality of Later Life. W.H. Freeman & Co, New York

Rohrer, J. (1990), Zur Rolle des Gedächtnisses beim Sprachenlernen. Kamp, Bochum

Rose, C., Nicholl, M.J. (2002), Master Learning. Die optimale Methode für leichtes und effektives Lernen. mgv Verlag, München

Schiffler, L. (2001), «Hilft Suggestopädie Leistungsschwachen im Französischunterricht?», in: Französisch heute, 3/2001

Schräder-Naef, R.D. (1999), Lerntraining für Erwachsene. Beltz, Weinheim

Schräder-Naef, R.D. (2000), Rationeller Lernen lernen. Ratschläge und Übungen für alle Wissbegierigen. Beltz, Weinheim

Schuster, M. (2001), Für Prüfungen lernen. Strategien zur optimalen Prüfungsvorbereitung. Hogrefe-Verlag, Göttingen

Siewert, H. (1988), Examen erfolgreich bestehen. Ein psychologischer Ratgeber für Prüfungen und Examen. Hayit, Köln

Spitzer, M. (2002), Lernen. Gehirnforschung und die Schule des Lebens. Spektrum, Heidelberg

Sternberg, R. (1996), Successful Intelligence. Simon & Schuster, New York

Vester, F. (1978), Denken, Lernen, Vergessen. dtv, München

Zintl, V. (1998), Lernen mit System. Urban & Schwarzenberg, München

Abfotografieren 74, 152f.
Abitur 191, 196
Abreißkalender 152f.
Abrufmechanismus 42, 99, 130, 154
Abwechslung 66
Aerobic fürs Gehirn 8, 16, 27, 38, 48, 59, 68, 83, 95, 109, 122, 137, 148, 162, 172, 187, 199
Aha-Erlebnis 31
AIDA-Formel 152
ALPEN-Formel 54
Alter 11ff., 15
Alzheimer 14f.
Angst 174
Anlesen 75, 77f.
Arbeit in der Gruppe 170f.
Arbeitsanweisung 179f.
Arbeitsgedächtnis 111, 113
Arbeitsphasen 61f., 165f.
Arbeitsplatz 45
Aristoteles 35, 43, 150
Assoziieren 113, 117, 143
Assoziogramm 144f.
audio-visueller Lerntyp 124
auditiver Lerntyp 124
Aufwärmphase 61
Auslaufphase 62
Auswendiglernen 131, 140f.
autogenes Training 167, 174
Autosuggestion 29, 34, 167, 174

BISS-Formel 98, 103
BASIS-Plan 70ff.
Begabung 25
Bett 40, 43f.
Bewegungsintelligenz 22
Blackout 197
Blättern 73f.
Blitz-Checks 71f., 75
Blitzen 74
Blutsauerstoff 14
Botenstoffe 109, 139
Brainstorm 143

Comenius 108, 129
Computertomographie 110
Corpus Callosum 126

Deduktive Methode 76, 186
Dekade der Gehirnforschung 7, 109
Denkpause 65, 67, 75
Denkschemata 184
Diesterweg 111, 116
Doppel-W-Prinzip 50f.
drop-out 54

Ebbinghaus 140
Eingangskanäle 124f.
Emotional Quality 20
Emotionale Intelligenz 19, 20, 22, 25
Entspannungspausen 63
Erfolg 33, 37
Erfolgsintelligenz 19, 20, 23
Erholungspause 65, 67
erinnern 139
Erregung 134
Eselsbrücken 22, 141f.
Etappenziele 23, 52f.
Evolution 13
Examen 165
extrinsische Motivation 29, 33

Fachaufsatz 175
Fadenriss 133, 198f.

Farben 77
Fernziel 32
Filterkarte 89f.
flaches Lernen 120, 143
Flow 30
Formel 36
Freizeit 97
Frustrationstoleranz 25
Fundortkarte 86
Funktionswörter 80

Gedächtnis 11, 12, 41f., 46, 59, 75, 77, 131
Gedächtniskitt 116
Gedächtnisleistung 10
Gedächtnispille 123, 135
Gedächtnisspeicher 111
Gefühl 25, 102, 133ff.
Gehirn 13, 14, 108ff.
Gehirnforschung 109ff.
Gehirnhälften 126, 128
Gehirnzellen 14
geistige Fitness 11
Gene 18
Gespräch 22, 135
Gestalten 91ff.
Gestik 99
Gewinner 35
Gliederung 174, 184ff.
Glukose 14
Gruppieren 113, 114
gute Lerner 20, 23, 23f.

Haftzettel 153f., 155
Hemisphären 126f.
Hierarchisieren 113, 116, 121
Hören 102, 124

Ideenkarten 93
Individualisieren 113, 118, 121
induktive Methode 77, 186
Informationsverarbeitung 12
Intelligenz 17, 18, 19f., 22f.
Intelligenzquotient / IQ 11, 13, 17ff., 26
Intelligenztest 18
intensives Lesen 73, 79f.
Interesse 98, 100
Interferenzen 66
Internetfalle 71
interpersonale Intelligenz 22, 24
intrapersonale Intelligenz 22, 24, 25
Intervallwiederholung 145ff., 159
intrinsische Motivation 29f.

Karten 85ff.
Kartenlegen 156f.
Kassette 99, 105
Kaugummi 123
Kernaussage 76
kinästhetische Intelligenz 22, 125
Klausur 166, 169, 171, 177f.
Klausurzeit 178
Konfuzius 108, 111, 112, 116
Konsolidierungsphase 65
Kontrollphase 169
Konzentration 41, 42, 43, 46, 61, 81
Konzentrationsfähigkeit 12
Konzept 175, 176
Körpersprache 99, 132, 192, 195
Kurzpause 65, 67

Lampenfieber 174, 189
Landkarten des Wissens 93f.
Leistungsfähigkeit 11, 13

Leistungskurve 53f.
Leistungsphase 53, 61f.
Leitnerkasten 157f.
Lernalter 10f.
Lernen im Bett 43
Lernen im Vorbeigehen 149ff., 154, 168
Lernen mit allen Sinnen 128ff.
Lernen mit dem 6. Sinn 133
Lernen per pedes 42
Lernenergie 30, 34, 37, 46, 130
Lernetappe 52ff.
Lernfähigkeit 11
Lerngesetze 201
Lerngewohnheiten 25, 125, 127
Lerngruppe 164, 166, 167, 170f.
Lernhappen 113
Lernintelligenz 17, 19, 23f.
Lernkartei 88, 157ff.
Lernmotiv 34
Lernort 40ff., 43, 99, 168
Lernpartner 22, 135, 166, 170ff.
Lernpausen siehe Pause
Lernphasen 61f.
Lernposter 152, 168
Lernprobleme 166ff.
Lernprozess 25, 42, 124
Lerntyp 124ff., 144
Lernzeit 44, 60ff., 90
Lernziele 24, 50
Lesen 73f., 75ff., 79
Literaturliste 72
Literaturverzeichnis 8, 72
Litfaß-Effekt 150f.
Loci-Technik 153f.
logisch-mathematische Intelligenz 21
Lösungsweg 177f.
Lozanov-Gruppen 41

Markieren 76, 77, 79, 80f.
mehrkanaliges Lernen 125ff., 130ff.
Melodie 22
Memory-Kärtchen 88, 104, 151
mentales Training 131, 143
Methodenvielfalt 140
Mimik 99
Mind Map 94, 160
Mind-Mapping 94, 99, 160
Minipause 65, 67
Misserfolg 33
Mitdenken 102
Mitschreiben 102
Motivation 29, 30ff., 33
multiple Intelligenz 19, 20f.
mündliche Prüfung 188ff.
Musik 34, 41
musikalische Intelligenz 21
Mythos 11, 127

Naturwissenschaften 177
Neuronen 14, 109
Notizen 81f., 84ff., 91f., 160f.

On-the-job-Kartei 160
Ordnen 113, 114, 119

Pareto-Prinzip 54
Parkbank-Effekt 40, 42, 99, 102, 191
Panik 165
Pausen 44, 60ff., 66, 90
Pauseneffekt 66
Pausenlänge 63
Pausenzahl 63
Pausenzeit 44, 60, 62f.
Perspektivenwechsel 143, 145, 168, 194

Pinnwand 32, 34, 45, 51, 75, 77, 81, 151f., 168
Positionslernen 159
Positive Thinking 37
Poster 152, 168
post-it 75, 77
Präsentation 131ff.
Prüfung 165, 188ff., 194ff.
Prüfungsangst 165
Prüfungsfrage 100
Prüfungsthemen 190
Prüfungstypen 192f.
Prüfungsversagen 175
Pufferzeiten 52, 66f., 165

Randelemente 114
Reflexion 200
Register 8, 71
Reihenfolge 196
Reinschrift 175f.
Rhythmus 22
Romanfalle 72
Routine 13, 16

Sauerstoff 14, 42, 46
Sauna-Effekt 43
Schematisieren 113, 117, 121
Schlaf 40, 43f.
Schlafarbeit 44
Schlagwort 92
Schlagworttabelle 92
Schlüsselwort 78, 104, 183
Schnellentspannung 174
Schreibtisch 40, 45, 57f.
Schulzeit 98
Sehen 102, 124
Sekundenpause 64
Selbstabfrage 193f.
selbst gesteuertes Lernen 124
Selbstmotivierung 35
Sichern 73, 81f., 103
Sieben-A-Technik 181ff.
Simonides 154
Simulation von Prüfungen 194ff.
Sinneskanäle 121
Skimming 73, 78f.
Skizzieren 102
Skriptum 98, 103
Smiley 102
Spezialgebiet 189
Sprachbilder 100
Sprachen lernen 19, 24
sprachliche Intelligenz 21
Sprechstunde 167, 171, 190
Stofferschließung 181ff.
Stoffsammeln 181ff.
Stress 67, 165
Successful Intelligence 23
Suchwort 78, 91, 104
Suchwortkarte 87f., 104
Suggestion 35
Suggestopädie 41
Synapsen 109, 139

Teenager 11,12
Textbausteine 76
Thema verfehlen 179
Themenstellung 179
tiefes Lernen 120
To-do-Liste 53, 54, 55f., 77
Training 12
Transmitter 109

Überlerneffekt 147, 168
Umformulieren 143
Umstrukturieren 143, 145

Verankern 167ff.
Verarbeiten 111, 112
Verarbeitungstiefe 62, 111, 120
Vergessen 74f., 85, 140ff.
Vergleichen 113
Vergreisung 14
Verknüpfen 143
Verlierer 35
Vernetzung 14, 144
Vertiefen 120, 167
vertiefendes Lernen 120f.
visueller Lerntyp 125
Vorausdenken 97
Vorbereitungsphase 166
Vorbereitungszeit 196
Vorlesung 96ff., 189
Vorsätze 35
Vortrag 96ff.
Vorwissen 97f.
Vorwort 8, 71

W-Fragen 182
Wiederholen 138ff., 142, 159
Wiederholen im Vorbeigehen 150ff.
Wiederholungsmaschine 157
Wissen 26, 62f., 140
Wortschatz zum Anfassen 154f.
Wortschatzkarten 85, 158
Wortschatz lernen 143f., 151

Zeitmanagement 24, 54ff.
Zeitplan 52ff., 179
Ziele 31, 50ff.
Zettelwirtschaft 56